职业院校就业指导

ZHIYE YUANXIAO
JIUYE ZHIDAO

主编　杨淑雅　孙中英

中国劳动社会保障出版社

图书在版编目(CIP)数据

职业院校就业指导/人力资源和社会保障部教材办公室组织编写．—北京：中国劳动社会保障出版社，2011

ISBN 978-7-5045-9308-5

Ⅰ. ①职… Ⅱ. ①人… Ⅲ. ①大学生-就业-高等职业教育-教材 Ⅳ. ①G647.38

中国版本图书馆 CIP 数据核字(2011)第 182661 号

中国劳动社会保障出版社出版发行

（北京市惠新东街 1 号 邮政编码：100029）

出 版 人：张梦欣

*

北京市科星印刷有限责任公司印刷装订 新华书店经销

787 毫米 ×960 毫米 16 开本 9.5 印张 130 千字

2011 年 9 月第 1 版 2024 年 8 月第 12 次印刷

定价：18.00 元

营销中心电话：400-606-6496

出版社网址：http://www.class.com.cn

内 容 简 介

本教材由人力资源和社会保障部教材办公室组织编写。教材根据职业院校开展就业指导和创业教育的实践经验，在充分调研的基础上编写而成。

本教材针对职业院校毕业生在择业过程中常遇到的问题及易陷入的误区，详细介绍了职业生涯规划、就业制度、就业维权、就业准备等相关内容，有助于读者认清形势、端正态度、转变观念、掌握政策、熟悉法律，充分了解现行的就业制度和就业形势、用人单位的招聘程序等。同时，针对职业院校毕业生在招聘、面试及试用等就业阶段中常遇到的问题，特别安排择业技巧和步入社会等相关内容，有助于读者以正确的方式推销自己，掌握面试技巧，成功就业。

本教材适用于职业院校开设就业指导课程时使用，也可供职业院校学生参考阅读。

目　录

第一章　职业生涯规划

人们小时候都会梦想未来，会想象自己长大后做些什么。这样的理想可以说是职业生涯探索的起点。通常，每个人的职业生涯都开始于任职前的职业学习和培训，终止于退休，因而人们都希望找到一份相对稳定、适合自己的职业。通过对本章内容的学习，同学们将初步了解如何为自己进行职业定位，从而正确设定职业发展目标，并制订行动计划，以促进目标的实现。

第一节　职业生涯规划概述

没有理想，人生就会迷茫，就会失去奋斗目标。机会往往垂青于有准备的人，因此每个人都应该尽早进行职业生涯规划。对职业院校的学生来说，应了解自己所处的位置，了解职业生涯的发展阶段及其特征，尽早地做好职业生涯规划，只有这样，才能在竞争日渐激烈的社会上立足，拥有美好的人生。

一、职业生涯规划的类型、特征及意义

1. 职业生涯规划的类型

职业生涯就是一个人终生经历的所有职业发展的整个历程。与职业不同，职业生涯是贯穿一生职业历程的漫长过程，它不仅包括一个人的过去、现在和未来可以实际观察到的连续从事的职业发展过程，还包括个人对职业生涯发展的见解和期望。具体地讲，职业生涯是以心理开发、生理开发、智力开发、技能开发、伦理开发等人的潜能开发为基础，以工作内容的确定和变化、工作业绩的评价、工资待遇、职称（务）的变动为标志，以满足需求为目标的工作经历和内心体验的经历。

职业生涯规划是指个人结合自身情况以及眼前的机遇和制约因素，为自己确立职业目标，选择职业道路，确定教育培训和发展计划，并为自己实现职业目标确定方向、行动时间和行动方案。按照规划的时间跨度，职业生涯规划分为短期规划、中期规划、长期规划和人生规划 4 种类型。

（1）短期规划。短期规划是指 2 年以内的规划，主要是确定近期目标，规划近期应完成的任务。

（2）中期规划。中期规划是指 2～5 年的规划，是最常用的一种职业生涯规划。

（3）长期规划。长期规划是指 5～10 年的规划，主要是设定较长远的目标，

以及为实现此目标应采取的具体措施。

(4) 人生规划。人生规划是指整个职业生涯的规划，时间长达40年左右，主要是设定整个人生的发展目标和阶梯。

个人职业生涯规划从短期到中期，再到长期，直至整个人生规划，如同台阶需要一步步地发展。但在实际操作中，时间跨度太长的规划由于环境和个人自身的变化难以把握，而时间跨度太短的规划意义又不大，所以，一般人们把个人职业规划的重点放在2～5年的中期规划，这样既便于根据实际情况设定可行目标，又便于随时根据现实的反馈进行修正或调整。

2. 职业生涯规划的特征

(1) 可行性。职业生涯规划要有事实依据，不能只是美好幻想或不着边际的梦想，否则将会延误个人发展的良机。

(2) 个性化。职业生涯规划的个性化是由个体性格、价值观、思维方式、行为方式、对成功的评价等方面的差异性决定的。由于每个人的生长环境、文化背景不同，所以其性格类型、表达方式也不一样。有的人性格非常腼腆，言语表达不直接，比较含蓄；有的人谈话非常直接，很容易把自己的感情真实地表达出来。因此，职业生涯规划不可避免地带有个性特征。

(3) 开放性。个人虽然是职业生涯规划的主要角色，但并不意味着需要个人闭门造车、独自完成职业生涯规划，也不意味着职业生涯规划必须要一次完成、终生不变。职业生涯规划的开放性要求规划者要尽可能与外界环境交换信息，多方听取别人的建议，通过多种方式考察个人的职业潜能，并且随着外界环境的变化而作出相应调整。

3. 职业生涯规划的意义

拥有成功的职业生涯才能实现完美人生。因此，做好职业生涯规划具有特别重要的意义。

(1) 职业生涯规划可以发掘自我潜能，增强个人实力。一份行之有效的职业生涯规划将会引导人们正确认识自身的个性特质、现有与潜在的资源优势，重新对自己的价值进行定位并使其持续增值；能使人们树立明确的职业发展目标与职业理想，正确评估个人目标与现实之间的差距，学会运用科学的方法，采取可行的步骤与措施，不断增强自身的职业竞争力，实现自己的职业目标与理想。

（2）职业生涯规划可以增强发展的目的性与计划性，提升成功的机会。职业生涯发展是有计划、有目的的，不是盲目地“撞大运”。很多时候，人们的职业生涯受挫往往与职业生涯规划没有做好有一定的关联。

（3）职业生涯规划可以提升应对竞争的能力。当今社会到处充满着激烈的竞争，要想在激烈的竞争中脱颖而出并保持立于不败之地，做好自己的职业生涯规划是十分必要的。不少毕业生不是先坐下来做好自己的职业生涯规划，而是拿着简历与求职书到处乱跑，总想撞到好运气、找到好工作。这部分毕业生没有充分认识到职业生涯规划的意义与重要性，认为职业生涯规划纯属纸上谈兵，简直是耽误时间，有时间还不如多跑几家招聘单位。这是一种错误的观念，实际上磨刀不误砍柴工，只有未雨绸缪，先做好职业生涯规划，有了清晰的认识与明确的目标之后，再把求职活动付诸实践，这样才能做到心中有数。

二、职业生涯发展阶段

职业生涯贯穿人们的一生。每个人在实现职业生涯宏伟目标的过程中都会经历不同的发展阶段，有着不同的职业需求和人生追求，但紧要之处往往只有几步。

职业生涯大体可以分为以下 5 个阶段：

1. 职业准备阶段

职业准备阶段一般从 14～15 岁开始，延续到 18～22 岁，如读研究生则延续到 25～28 岁。这是一个人就业前学习专业、职业知识和技能的时期，也是素质形成的主要时期。但对于这个职业生涯的起点，许多人是盲目的，甚至由别人（通常是家长或老师）代替决定。

2. 职业选择阶段

职业选择阶段一般集中在18～28岁。这一阶段是从学校走上工作岗位的阶段，是人生事业发展的起点。在这一时期，人们要根据社会需要和自身的素质及愿望做出职业选择。这是一个人职业生涯关键的一步，如果选择失误，将会导致职业生涯的不顺利，或是浪费时间再次选择，还可能顾此失彼丢掉其他的工作机会。

3. 职业适应阶段——工作初期

职业适应阶段一般在就业后1～2年。这一时期是对个人素质的检验，具备岗位素质的人能够顺利适应某一职业；当素质较差或不能满足职业要求时，则需要通过培训教育达到与职业要求相适应；当职业能力、人格特点等素质与工作岗位要求差距较大、难以与职业要求相适应时，则需要重新选择职业；当个人素质超过岗位要求或个人兴趣与职业类别很不相符时，也可以重新对职业进行选择。

4. 职业稳定阶段——工作中期

职业稳定阶段一般从20～30岁开始，延续到45～50岁。这一时期是人的成年/壮年时期，占人的生命过程的绝大部分时间，是职业生涯的主体。

这一阶段可能存在诸如发展稳定、遭遇发展瓶颈、面临中年危机、取得成功等不同情况。对于大部分人来说，这一阶段应该致力于某一领域的深入发展，求得升迁和业务专精。它不仅是最好的劳动时期，也是担负繁重家庭责任的时期。一个人除非有特别的才干和抱负，40岁应该是职业锚扎根的时候，不宜更换职业。因此，成年人往往倾向于稳定的职业，甚至是特定的岗位。一般这时的个人精力也不允许人们像年轻人那样上学深造，适合的充电方式只有短期培训和实践积累。即使真的处于职业生涯的瓶颈口和转折点，需要重新调整职业和修订自己的目标，也应在45岁以前完成。在职业稳定期，如果从业者的素质能够得到发展和提高，潜力得以体现，就可能抓住机会逐步取得成果，成为某一领域的出色人才和行家，得到晋升并获得职业生涯的成功和成就。

5. 职业衰退阶段——工作后期

职业衰退阶段一般是指55岁以后。这一时期，由于生理条件的变化，激情与能力缓慢减退，心理需求逐步降低而求稳妥维持现状。一般来说，处在这一阶段，上升的空间已经很小，应着手规划退休前身心调整的策略，以及退休后的目标转移方案。

上述5个阶段中，职业准备阶段在一定程度上决定了人生选择的方向与职业稳定性，职业选择阶段对于能否体现自身价值、实现人生目标最为关键，职业稳定阶段则是回报社会、追求事业成功的黄金时期。

职业生涯划分阶段的意义在于：不同的生命阶段具有不同的职业任务，因此，面临不同的职业问题，应该进行有针对性的职业生涯规划和管理。

第二节　职业生涯规划的内容

一、职业生涯规划的基本步骤

职业生涯规划是一个长期连续的过程，需要设计一套程序来保证它的顺利实施。这个过程基本上可以分为确立目标、自我评价与环境评估、职业选择、职业生涯策略、评估与反馈5个阶段。

1. 确立目标

纵观古今中外，各行各业的佼佼者都有一个共同的特点，就是具有远大的志向。立志是人生的起跑点，反映一个人的理想、胸怀、情趣和价值观，影响一个人的奋斗目标及成就。所以，在进行职业生涯设计时，首先要确立志向，这是进行职业生涯设计的关键，也是职业生涯设计最重要的一点。

2. 自我评价与环境评估

自我评价包括对自己的性格、兴趣、特长、学识、技能、思维、道德水准以及社会中的自我意识和行为等进行评价。环境评估主要是评估各种环境因素对自身职业生涯发展的影响。每个人都处在一定的环境之中，离开一定的环境便无法生存与成长。所以，在制订个人职业生涯规划时，要分析环境条件的特点、环境的发展变化情况、自己在这个环境中的地位、环境对自己提出的要求，以及环境对自己有利和不利的条件等因素。只有对这些环境因素充分了解和分析，才能在复杂的环境中趋利避害，使自己的职业生涯设计具有实际意义。

3. 职业选择

在认识自我、分析环境的基础上对自己的职业作出选择时，要充分考虑到自身的特点，即自己的性格、兴趣和特长，要充分考虑到环境因素对自己的影响，要了解自己、了解职业领域，使自己的性格、兴趣、特长与职业相吻合。所以，选择职业时，既要从社会需要出发，也要考虑自身的实际情况，扬长避短，只有这样才能做到人尽其才，才尽其用。例如，爱因斯坦是世界著名的科学家，以色列国会曾邀请他回国当总统，被他婉言谢绝。因为爱因斯坦认为自己的性格适合当科学家，做研究，不适合当总统。

4. 职业生涯策略

职业生涯策略是实现职业生涯目标的行动计划，具有具体性、可行性。在确定具体的职业选择目标后，行动成为关键环节。这里所指的行动主要是指落实目标的具体措施，包括教育、培训、实践等方面的措施。例如，在职业素质方面，计划学习哪些知识、掌握哪些技能、开发哪些潜能等。

5. 评估与反馈

环境是多变的，尤其在现代职业领域，只有变化是永恒的主题。因此，影响职业生涯设计的因素很多，有的变化因素是可以预测的，而有的则难以预料。成功的职业生涯设计需要时刻审视内外环境的变化，不断对自己的设计进行评估和修正，调整自己前进的步伐，这是很多人所忽略的。例如，同样的工作，用同样的方式去处理，怎么就不灵了呢？其实就是因为心态和环境有了变化，并且很容易因为这种情况形成职业瓶颈。这就需要评估自己，重新做好规划，在职业瓶颈出现前做到未雨绸缪。

二、职业生涯设计的内容

【例 1—1】美国企业家比尔·拉福的父亲发现儿子从小就很有经商天赋，机敏果断，敢于创新，但尚未经历过磨难，没有经验，更缺乏知识，于是父子进行了一次长谈，共同制订了计划，并为儿子描绘出职业生涯的蓝图。比尔·拉福升学时听从父亲的劝告，没有直接去读贸易专业，而是选择了工科中最普通的机械制造专业。

这招棋很绝妙，因为做贸易必须具备一定的专业知识。在贸易中，工业商品占绝大多数，如果不了解产品的性能和生产制造情况，就很难保证贸易的收益。因此，具备一定的工科知识是经商的先决条件。况且，工科学习不仅是知识技能的培养，还能帮助建立一套严谨求学的思维体系，这些都对经商的帮助很大。

比尔·拉福在麻省理工学院度过了 4 年。大学毕业后，比尔·拉福没有立即投入商海，他又攻读了经济学的硕士学位。在市场经济条件下，一切经济都通过商业活动来进行，不了解经济规律，不学习经济学知识，很难在商业领域内立足。因此，比尔·拉福对会计、财务管理也较为精通。这样几年下来，他在知识上完全具备了经商的要求。

比尔·拉福拿到硕士学位后仍然没有投身商海，而是考了公务员，去政府部门工作。原来，他的父亲深知经商必须有很强的交往能力、人际关系，要想在商场上获得成功，必须深知处世规则。比尔·拉福在政府部门一干就是 5 年。在这 5 年中，他从稚嫩的热血青年成长为一名老成持重的公务员。此外，他通过 5 年的政府机关工作，结识了很多社会人士，建立起一套关系网络，这对他后来的经商成功帮助极大。

5 年的政府工作结束后，比尔·拉福已经完全具备了成功商人所需要的各种条件。于是，他辞职下海，到父亲为他引荐的通用公司熟悉商务，又经过两年，他已熟练掌握了商情与商务技巧，成绩斐然。这时候，他不再耽搁时间，婉言谢绝了通用公司的高薪挽留，独立开办贸易公司。

20 年之后，比尔·拉福的贸易公司的资产从最初的 20 万美元发展到 2 亿美元，而比尔·拉福本人也成为了一个奇迹。

分析：比尔·拉福的职业生涯规划脉络清晰、步骤合理，充分考虑了个人兴趣、个人素质，并注重职业技能的培养，这种职业生涯规划在他坚持不懈的努力下终于变为现实。人们常说，机遇总是留给有准备的人，世上无难事，只怕有心人。职业生涯亦是如此。

如果动机不转换成行动，动机终归是动机，目标也只能停留在梦想阶段。目标变成现实，需要为之付出努力。如果职业生涯规划内容教条、抽象、空洞、无可行性，规划必然是无法落实的空想。职业院校的学生设计自己职业生涯规划的现实目的是为了充分利用不可多得的在校时光，为职业理想的实现夯实发展基础。

通过上述案例可知，要设计一个成功的职业生涯规划，应把握以下 4 点：

1. 分析自身条件

职业理想应该是务实而不是虚幻的，高不可攀、可望而不可即、脱离自身条件的目标是没有激励价值的目标，是空想而不是理想。自身条件是确定目标的重要依据，根据自身条件来确定奋斗目标要做到“知己”和“知彼”。

（1）了解“现在的我”。在职业生涯设计的过程中，应该从职业需要的角度去衡量自身条件。要在职业兴趣、性格、职业能力的基础上，充分把握包括个性在内的各方面的自身条件。自身条件不仅仅是个性，还有身体条件、学习基础等多种因素。例如，个子矮的人不能成为杰出的跳高运动员，即使弹跳力较好也于事无补，而个子太高的人当举重运动员就会吃亏。

（2）预测“明天的我”。“知己”不但要了解“现在的我”，更要预测“明天的我”。这种预测不是胡思乱想，而是在现有的基础上，通过努力，预计可能达到的某种程度。这既是确定职业生涯目标的重要依据，也是制定实现目标的具体措施和安排的基础。例如，知识不够可以通过勤奋学习来补充，技能较差可以通过刻苦训练来提高。

要挖掘自己的潜能，预测“明天的我”，更细致、更深刻、更全面地了解自己，是确定奋斗目标的重要依据。

(3) 分析自己所处的环境和变化趋势。个人所处的家庭以及所在地区的就业环境，往往制约其职业理想的实现。经济、文化、科技、教育发展的不平衡，导致明显的地区差异，而不同地区就意味着不同的个人发展机会。

当然，很多情况不是一成不变的，在确定奋斗目标时应考虑变化的因素。例如，家庭里挣钱的人少，需要负担的人多，经济条件比较困难，而过几年后，可能挣钱的人多了，需要负担的人少了，经济条件就会大为改观。现在一边打工、一边求学，就能让自己实现求学的愿望。另外，从业者的有序流动是劳动力市场完善的重要标志，跨地区、跨行业的流动，正成为越来越多的青年人的选择，而这种流动将减少地区差异对确定奋斗目标的影响。

(4) 了解自身条件与职业需求的差距。在确定具体的目标以前，应先划定与自己所学专业对应的一个甚至几个相关职业群，了解这些职业对从业者有什么要求，并分析自身条件与职业需求的差距。对自己最感兴趣或最接近自身条件的职业，还应做更深入的了解，如这些职业的职业资格标准、职业道德规范等。

2. 确定职业目标

成功要靠树立职业目标来领航，强烈的成功欲望和信心能较大地激发一个人的能量与热情，使其精神抖擞地为实现目标做出努力。

【例 1—2】 有一年，一群意气风发的天之骄子从美国哈佛大学毕业了。他们的智力、学历、环境条件都相差无几。临出校门前，哈佛对他们进行了一次关于人生目标的调查。结果是这样的：

3%的人，有清晰、长远的目标。

10%的人，有清晰、短期的目标。

60%的人，目标模糊。

27％的人，没有目标。

25 年后，哈佛再次对这群学生进行了跟踪调查。结果是这样的：

3％的人，25 年间他们朝着一个方向不懈努力，几乎都成为社会各界的成功之士，其中不乏行业领袖、社会精英。

10％的人，他们的短期目标不断实现，成为各个领域中的专业人士，大都生活在社会的中上层。

60％的人，他们安稳地生活与工作，但都没有什么特别的成绩，几乎都生活在社会的中下层。

27％的人，他们的生活没有目标，过得很不如意，并且常常在埋怨他人、抱怨社会、抱怨这个“不肯给他们机会”的世界。

其实，他们之间的差别仅仅在于 25 年。

分析：本例以准确的数字、确凿的事实告诉人们“树立职业目标是重要的”这个道理。目标是人的精神支柱和动力源泉，它可以不断地激发人的生命活力。若没有职业目标，就不会有生活的信心和向上的动力，就像没有灵魂的行尸走肉一样，只能是碌碌无为地度过一生。

职业目标既可以是个方向、范围，也可以是十分具体的职业。

确定职业目标的依据有两个方面：一方面是社会经济发展的实际需要，个人所处的就业环境，以及职业对从业者素质的要求；另一方面是“现在的我”和“明天的我”。忽略了任何一方面，都会影响职业目标的正确选择。

分析自身条件与确定职业目标的关系如图 1—1 所示。

3. 规划发展阶段

职业理想既应该有远期的目标，也应该有近期的具体目标。远期目标是分阶段实现的。职业理想应该通过一个个具体的阶段目标分步实现，有无具体的阶段目标是职业生涯设计优劣的重要标志。职业理想的实现不应该企图一步登天，远期目标的实现，需要奋力攀登一个个阶段目标构成的台阶。正因为比尔·拉福既

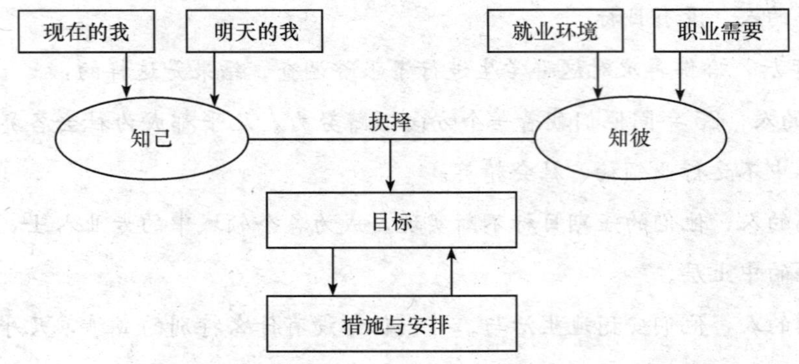

图 1—1 分析自身条件与确定职业目标的关系图

有十分具体的阶段目标，又有远大的远期目标，才使他从最基层做起，攀登了一个又一个台阶，最终实现了理想。

阶段目标应该是“跳一跳”能够达到的具体目标，它有 3 个特点：一是必须“跳一跳”，即必须为之付出努力，必须为之拼搏，不是轻而易举能达到的；二是通过努力能达到，可望又可即，不脱离自身条件，不脱离社会现实；三是十分具体，能让自己确认这个职业到底需要从业者具有何种职业素质，到底需要采取什么措施才能弥补自身条件与职业素质的差距，到底需要做出哪些具体的努力。近期阶段目标要更具体、更明确，远期阶段目标可以是个范围，但这个范围不应该过于空泛。在比尔·拉福的职业生涯规划图（见图 1—2）中，各阶段目标之间的关系应该是阶梯形的，前一个目标是后一个目标的基础，后一个目标是前一个目标的方向，所有的阶段目标都指向远期目标。阶段目标是实现职业理想的重要保证。

4. 制定实现措施

目标变成现实，需要为之付出实实在在的努力。围绕目标的实现，制定具体措施和时间安排，这是职业生涯设计的重要内容。

具体措施是根据“现在的我”变成“明天的我”之间的差距制定的措施，不但应该具体，而且要有标准。时间安排包括两个方面：一是什么时间达到这个目

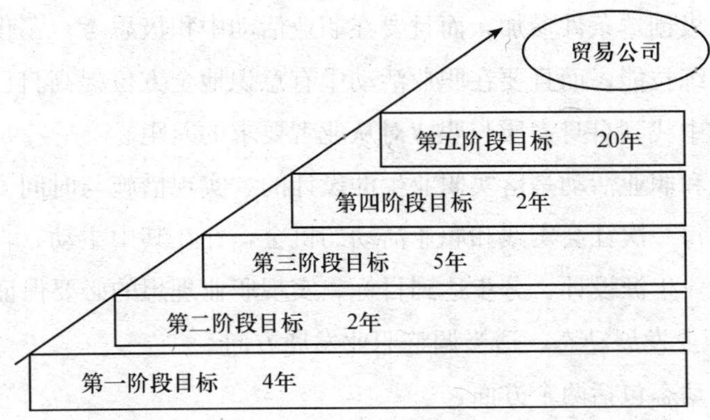

图 1—2 比尔·拉福职业生涯规划图

标，即目标的实现应该有期限；二是什么时间落实达到目标所采取的各项措施，即任务完成的时间落实。

三、职业生涯准备

1. 珍惜在校学习的生活

学生时代是为人的一生奠定基础的黄金时代。在职业院校学习，不但要为即将开始的职业生涯做好全方位的准备，而且要为终生不断地接受定向教育打下基础。虽然今后还能通过各种渠道来补充、更新自己的知识和技能，但现在所学的知识和技能不仅是就业所必备的条件，而且是今后学习的基础。

学校为学生提供了能集中精力学习的环境，珍惜这种学习机会和学习环境，就是珍惜自己的未来。

2. 积极参加社会实践和职业活动

社会实践活动包括社会调查、生产实习、军事训练、公益劳动、社区服务、科技文化活动、志愿者活动、勤工俭学等多种形式，这些既是锻炼提高自身素质不可缺少的途径，也是了解社会、了解职业、了解自己的最佳渠道。

对于职业院校的学生来说，与所学专业相关的职业活动更是不可放过的机会，不仅要积极创造条件参加，而且要在职业活动中积极思考；不仅要在职业活动中学知识、练技能，而且要在职业活动中有意识地全方位提高自己的能力，更要在职业活动中找到自身素质与职业对从业者要求的差距。

社会实践和职业活动是落实职业生涯设计的“实现措施与时间安排”的最佳机会。不放过每一次社会实践和职业活动的机会，并在其中主动、自觉地提高自己，是落实职业生涯设计、分步达到目标、实现职业理想的必要保证。

3. 关注职业发展动态，适当调整职业发展方向

职业发展动态包括两个方面：

第一，就业市场的动态。社会经济发展状况必然影响就业市场的供求变化，低年级学生应关注就业市场的变动趋势，高年级学生应注意具体的就业供求情况。

第二，职业更新淘汰趋势。当今时代，科技进步对职业演变的作用越来越明显，职业更新淘汰的速度越来越快，一些相对稳定的职业所需要的知识、技能也在不断地变化。

根据职业发展动态，适当调整职业发展方向，补充达到目标所需要的措施，修订职业生涯规划，是做好职业生涯设计的重要手段。职业生涯规划不能一成不变，应保持动态的相对稳定，才是真正有用的规划，才能真正指导自己有效地为未来的职业生涯做好准备。

4. 全面提高职业素质和综合职业能力

“德、智、体、美等全面发展，具有综合职业能力”是国家对职业院校学生的期望和要求，学生也只有做到了这一点，才能适应职业变化，才能适应社会主义现代化建设的要求。

成功的职业生涯只属于有准备的人。全面提高职业素质和综合职业能力，是职业院校学生为即将开始的职业生涯做出的应有准备，是实现职业理想的必要基础。不论具体的目标是什么，进行职业生涯设计时都应该围绕职业素质和职业能力的提高这一主线，结合具体目标的实现制定措施，在职业生涯的起跑线上做好

充分准备。

社会就像一个大舞台，每个人都通过自己的职业扮演着职业社会中的种种角色，发挥各自的作用，履行自己对社会应尽的职责。正由于人们在职业活动中付出了努力，才使这个多彩的社会正常运转、不断发展。职业生涯是人生的重要阶段，人人都希望有一个成功的职业生涯。

让职业生涯大放异彩，是个人的需要，也是国家和社会的需要。职业院校学生提高自己的全面素质和综合职业能力，既是为自己进入职业社会并在职业生涯中获得成功创造条件，也是为社会进步多作贡献奠定基础。

职业院校学生应该树立美好的职业理想，拥有一道属于自己的职业生涯彩虹，做自己命运的主人。理想变成现实，需要为之付出努力，只有珍惜在校生活的青年人才会拥有事业有成的明天。

第二章　就业制度

就业制度是人们合法获取就业机会、维护社会就业行为的根本规定。对于职业院校学生而言，掌握国家和地方的就业制度与政策，可以更好地维护国家、企业和个人的权益。通过对本章内容的学习，同学们将了解就业准入制度包括的内容，职业资格证书制度的内容，以及实现理想就业的途径等知识。

第一节　就业准入

一、就业准入制度

就业准入制度是指根据《中华人民共和国劳动法》和《中华人民共和国职业教育法》的相关规定，从事技术复杂、通用性广，涉及国家财产、人民生命安全和消费者利益的职业（工种）的劳动者，必须经过培训并取得职业资格证书后，方可就业上岗的制度。对技术工种（职业）从业人员实行就业准入制度，其根本目的是为了提高劳动者技能水平，增强其就业能力和适应职业变化的能力，实现高质量就业和稳定就业。

2000 年 3 月 16 日，原劳动和社会保障部发布了《招用技术工种从业人员规定》(以下简称《规定》)，对 90 个工种实行就业准入。该制度自 2000 年 7 月 1 日开始在全国范围内施行。实行就业准入的职业范围由原劳动和社会保障部确定并向社会发布，其基础就是职业资格证书制度。

1. 实行就业准入制度的积极意义

制定《规定》的基本出发点和落脚点就是加快提高劳动者素质，增强企业竞争力，同时也是为了适应促进企业安全生产、提高效益、保护消费者利益等方面的迫切需要。

2.《规定》对用人单位及新生劳动力的要求

(1) 处罚措施。用人单位违反《规定》招用未取得相应职业资格证书的劳动者从事技术工种工作的，由人力资源和社会保障行政部门给予警告，并可处以 1 000 元以下罚款，同时责令用人单位限期对有关人员进行相关培训，取得职业资格证书后再上岗。

(2) 国家对新生劳动力就业的相关要求。《规定》的规范对象主要是初次就业的劳动者。根据《规定》的要求，今后凡初次就业的劳动者，包括城镇初、高中应届毕业生、待业人员以及农村从事非农产业或进城务工人员，只要从事国家规定的实行就业准入的技术工种（职业）工作的，必须取得相应的职业资格证书，方可就业上岗。

二、职业资格证书制度

职业资格证书制度是劳动就业制度的一项重要内容，也是一种特殊形式的国家考试制度。它是指按照国家制定的职业技能标准或任职资格条件，通过政府认定的考核鉴定机构，对劳动者的技能水平或职业资格进行客观公正、科学规范的评价和鉴定，对合格者授予相应的国家职业资格证书。

1. 职业资格证书

职业资格证书是表明劳动者具有从事某一职业所必备的学识和技能的证明。它是劳动者求职、任职、开业的资格凭证，是用人单位招聘、录用劳动者的主要依据，也是境外就业、对外劳务合作人员办理技能水平公证的有效证件。

2. 实施职业资格证书制度的法律依据

《中华人民共和国劳动法》第六十九条规定："国家确定职业分类，对规定的职业制定职业技能标准，实行职业资格证书制度，由经过政府批准的考核鉴定机构负责对劳动者实施职业技能考核鉴定。"《中华人民共和国职业教育法》第八条规定："实施职业教育应当根据实际需要，同国家制定的职业分类和职业等级标准相适应，实行学历文凭、培训证书和职业资格证书制度。"这些法规确定了国家推行职业资格证书制度和开展职业技能鉴定的法律依据。

3. 推行职业资格证书制度的意义

开展职业技能鉴定，推行职业资格证书制度，是落实党中央、国务院提出的"科教兴国"战略方针的重要举措，也是我国人力资源开发的一项战略措施。这对于提高劳动者素质，加强技能人才培养，促进劳动力市场的建设以及深化国有企业改革，促进经济发展都具有重要意义。

4. 职业资格证书的办理

根据国家有关规定，办理职业资格证书的程序为：职业技能鉴定所（站）将考核合格人员名单报经当地职业技能鉴定指导中心审核，然后报经同级人力资源和社会保障行政部门或行业部门人力资源和社会保障工作机构批准后，由职业技能鉴定指导中心按照国家规定的证书编码方案和填写格式要求统一办理证书，加盖职业技能鉴定机构专用印章，再经同级人力资源和社会保障行政部门或行业部门人力资源和社会保障工作机构验印后，由职业技能鉴定所（站）送交本人。

5. 双证书制度

双证书制度就是国家在人事录用、劳动就业方面实行的学历文凭和职业资格证书并重的制度。学历证书是一个人接受教育的年限、所具有的文化程度或者学业程度证明，是由教育部门颁发的；职业资格证书是一个人能否胜任某一职业的证明，是由人力资源和社会保障行政部门或由其委托的部门颁发的。不同职业对学历有不同的要求。

当今社会，用人单位在注重毕业生学历层次的同时，更加关注毕业生的实际工作能力。这种观念的转变对职业院校学生有很大好处，同学们应该抓住这个有利机会，在校期间根据自身的实际情况，有选择地多考职业资格证书。

目前，随着经济社会的发展，实行双证书制是职业教育自身特性的需求。双证书制度主要面向各类大中专院校、技工学校、职业高中的毕（结）业生。

三、职业技能鉴定

职业技能鉴定是一项基于职业技能水平的考核活动，属于标准参照考试。它是由鉴定考核机构对劳动者从事某种职业所掌握的技术理论知识和实际操作能力作出的客观测量和评价。职业技能鉴定是国家就业准入制度的重要组成部分。职业院校学生应根据自己所学专业和即将从事的职业主动地进行职业技能鉴定，获取行业准入的绿色通行证。

国家实施职业技能鉴定的主要内容包括理论知识、操作技能和职业道德 3 个方面。这些内容是依据国家职业技能标准和相应的教材来确定的，并通过从国家题库中抽取试卷进行鉴定考核。职业技能鉴定分为理论知识考试和操作技能考核两部分。理论知识考试一般采用笔试方式，操作技能考核一般采用现场操作加工典型工件、生产作业项目模拟操作等方式进行。计分采用百分制，两部分成绩都在60分及以上者为合格，80分及以上者为良好，95分及以上者为优秀。

第二节 就业途径

职业院校学生要树立“就业大众化”的择业理念与定位，努力通过多途径、多种方式实现就业，实现及时就业和理想就业，主动参与竞争，不断挑战自我，为国家的经济建设发挥自己应有的作用，实现自己的人生价值。

一、就业途径的种类

1. 通过学校就业指导中心就业

职业院校的就业指导中心是学生就业工作的主管部门，在长期的工作交往中与省市的毕业生就业主管部门及用人单位有着密切的联系，掌握了大量的人才需求信息。这种就业途径针对性强、目标明确，是学生就业的主渠道。通过就业指导中心就业有以下优点：

（1）可靠性高。就业指导中心会对用人单位的资质进行审核，保证信息的可靠性。

（2）针对性强。一般用人单位是在掌握了学校的专业设置、生源情况、教学质量等信息后，才发出需求信息的。这些信息是完全针对学校应届毕业生的，针对性强。而在人才市场和媒体上获得的需求信息是面向全社会人士的，针对性较弱。

（3）成功率高。用人单位专程到学校招聘是有一定诚意的，不会对工作经验提出严格要求。在招聘过程中，面试人员会对学生具有较多的信任，应聘学生也会拥有更多的自信，而且招聘仅限于本校毕业生，竞争范围也比较小。在符合条件的情况下，毕业生只要调整好心态，把握好机遇，一般成功率较高。

(4) 方便、简捷、经济，足不出校，省时省力又省钱。

职业院校学生一定要重视就业指导中心的就业主渠道作用，努力把握好学校提供的就业机会，以便顺利就业。

2. 通过社会关系就业

职业院校学生还可利用自己的社会关系网络搜集就业信息，并进行求职选择。许多用人单位也愿意录用经人介绍或推荐而来的求职者。在求职过程中，如果关键时刻有关键人物帮自己引荐，当然效果就会更好。因此，建立自己的关系网络对择业是非常必要的。通过亲朋好友找工作最为可靠，成功率也较高。亲朋好友的推荐分为两种情况：一种是“无力度”的推荐，就是你的亲朋好友只是推荐你完成择业应聘过程；另一种是“有力度”的推荐，这种推荐可直接影响人力资源部门的决策，但前提必须是你要符合该单位该职位的任用条件，或者说完全能胜任工作。所以就业时千万不要忘记老师、父母、亲戚、同学、朋友、朋友的朋友，应充分利用这些资源帮助就业。该途径是最传统的就业途径，但却是最可靠的，成功率也是最高的。一般可以推荐就业的主要有以下几类人：

(1) 家长亲友。家长亲友来自社会的各个方面，与社会有多种联系，可以从不同渠道带来就业信息。他们提供的就业渠道、就业需求主要来源于其个人的社会关系，相对固定、可靠，就业成功率较高。

(2) 学校教师。本专业的教师更了解本专业学生适合就业的方向和范围，对一些对口单位的人才需求情况了解得比较详细。毕业生可以通过本专业教师获得就业信息，而且可以直接请他们作为自己的就业推荐人。

(3) 已毕业的校友。已经毕业的校友对就业信息的获取、比较、选择、处理有不少的经验和体会，他们提供的信息比较接近本校的实际，借鉴他们的经验会少走许多弯路。

3. 通过社会实践或实习基地就业

社会实践是学生自我就业的重要途径。在社会实践的过程中，通过自己的努力获得用人单位的信任，直接谋得就业岗位的不乏其人。因此，职业院校学生在各种社会实践活动中，在了解社会、提高思想觉悟、培养社会能力的同时，要做一个主动寻找就业岗位的有心人。另外，还有一个很重要的实践环节是毕业实习。通常，毕业实习的单位都比较对口，通过实习可以直接掌握用人单位的用人标准和具体要求，成为一条很好的就业途径。

4. 通过人才交流会就业

参加人才交流会能直接掌握许多用人单位的需求信息，而且供需双方能直接见面洽谈，有时能当场签订协议。

5. 通过中介机构就业

随着人才市场的发展，人才中介机构也应运而生，这也是职业院校学生实现就业的有效途径。该途径需要交纳一定中介费，但不用自己跑，比较省心、可靠。但也要保持警惕，注意就业安全，谨防受骗。如果打算通过中介机构就业，可主要考虑政府的相关部门和学校就业指导中心推荐的中介机构。

6. 通过报纸招聘广告求职就业

通过报纸招聘广告求职是传统的求职方式，也是当前获得求职信息的重要手段。众多的求职者通过阅读报纸招聘广告来获得大量的企业招聘信息，在今后相当长的时间内通过报纸广告求职仍将是一种主要的择业手段和途径。报纸招聘广告的真实有效性较强，广告版面的大小也可以反映出招聘单位对人才的需求程度。在报纸招聘广告上查找求职信息的时候，可以优先考虑专业的人才类、招聘类报纸，还有日报、晚报大都有人才或招聘类专版。另外，通过报纸求职往往要按求职程序进行，如先寄简历，简历初审之后再通知面试等。求职者应该严格遵守这样的程序，而不要自作聪明贸然去造访。遵守程序既是对用人单位的尊重，也是对自己的尊重。

7. 网络求职

网络求职是一种特殊的择业形式，方便快捷，是一种多快好省的择业新方式。据统计，现在有超过 2%的人是通过网络求职而成功就业的，并且这种趋势还在增长之中。

网络求职一般有两种形式：一种是在网络发布求职信息，坐等用人单位与自己联系；另一种就是根据网络发布的招聘信息发送自己的求职意向，或直接登录用人单位站点，主动发电子邮件和对方联系。目前，网络招聘大多还是通过搜索获得求职者的个人信息，所以在发布信息时必须掌握相关技巧。例如，求职方向是“网页制作”一职，最好写成“网页（主页、网站）制作”，这样被检索到的概率就会更大一些；同时，个人资料一定要注意详细填写工作经历和教育经历，这是网络招聘单位最为看重的两项内容。但是，网络招聘也存在不足的地方，虚假招聘消息或虚假简历极大挫伤了求职者或招聘单位的积极性，个人隐私问题也会给求职者带来麻烦，这都制约了网络招聘的健康发展。

8. 自主创业

自主创业是指职业院校学生利用家庭、社会关系或自己所学知识、个人发明、专利等科技成果，以合股、参股、自营的形式开办公司。自主创业不但不用与他人争抢岗位，有时还可以为其他人创造就业岗位，给自己提供锻炼机会。但自主创业需要一定的资金、项目和经验，同时也要承担一定的经营风险，因此必须量力而行，谨慎行事。

9. 灵活就业

当前，职业院校学生就业越来越灵活，除本身所学专业外，还可以从事其他的职业（工种），如中介服务、设计员、程序员、软件设计师或从事股票、期货、证券买卖经纪人等，但一般需要相关资格证。

10. 境外就业

随着改革开放的不断深入和中国加入世贸组织，有不少职业院校学生作为劳务输出，参与国际人才市场竞争，到境外的企业去工作。

以上介绍的就业途径中，学校就业指导中心、社会关系、人才市场、实习基地是就业的主要渠道。职业院校学生要根据自己的实际情况和具体条件，选择对自己最有利、最有效的就业途径。万事开头难，走出第一步就会海阔天空，职业化是人生的必然，绝不能有业不就。

二、在挑战中实现自我价值

就业制度的改革带来了就业途径的变革，也给职业院校学生就业和实现人生价值提供了更多的挑战和机遇。

1. 认清形势

某一地区、某一行业、某一部门或企业的发展，很大程度上受到国家宏观经济政策的影响。职业院校学生不能盲目地热衷于一些单位的优厚待遇，而要认识到竞争的严峻性和残酷性。要做好人才流动的心理准备，根据市场的变化和发展作出最佳选择。

2. 分析自我

要认真分析自身条件和知识结构，要懂得别人能够胜任的工作对自己不一定适合。在确定和调整个人奋斗目标时，应当以社会需要、能力水平、性格优势、个人兴趣等主要因素为出发点，到最能发挥自己才能的地方去。

3. 把握政策

国家对人才流动制定了一些支持性、鼓励性、保护性的措施，同时也制定了一些限制性的措施，如有些重要部门、岗位、特殊行业人员的流动需经原用人单位或主管部门的同意。因此，职业院校学生应认真学习和了解有关政策，避免择业或流动时陷入进退两难的境地。

4. 择机流动

为了寻找到最有利于自己才能发挥的岗位，职业院校学生也要有择机流动的思想准备，但要把握好流动到新岗位的时机。例如，若单位是在创业阶段，则会求贤若渴；若在事业辉煌之际，则是众望所归。

职业院校学生走上工作岗位后，要有足够的时间来提高实践能力，积累工作经验，适应社会环境，刚开始不宜多谈流动。只要是社会需要且适合自己的岗位，就应努力去工作，要有敬业精神和奉献精神，更要克服拈轻怕重、斤斤计较、见异思迁的思想。随意流动、频繁调动，对个人的成长是不利的。

综上所述，对于职业院校学生而言，要认清目前的就业形势，把握就业机会，在国家政策的引导下，根据本人的实际情况，主动参与就业竞争，努力提高就业质量。

第三节　就业政策

就业政策对学生顺利就业至关重要，职业院校学生必须认真学习国家的有关就业政策，实现顺利就业。

一、双向选择

双向选择是指求职者与用人单位直接见面、相互选择的就业方式。一方面，求职者对用人单位进行挑选，以便找到比较满意的职业岗位；另一方面，用人单位对求职者进行挑选，以便找到比较合适的员工。这种两相情愿的方式，既符合就业主体——求职者个人与用人单位的要求，增加了双方的满意度，提高了双方的积极性，也符合社会主义市场经济的客观要求。

二、公平就业

为了维护劳动者的平等就业权，反对就业歧视，《中华人民共和国就业促进法》（以下简称《就业促进法》）对公平就业作出了规定。具体包括以下八方面内容：

1. 明确政府维护公平就业的责任

各级人民政府应当创造公平就业的环境，消除就业歧视，并制定政策和采取措施对就业困难人员给予扶持和援助。

2. 规范用人单位和职业中介机构的行为

在人力资源市场中，用人单位和职业中介机构的行为往往影响和决定着劳动者的就业机会和就业权利的实现。依法规范他们的行为，对维护劳动者的平等就业权至关重要。因此，《就业促进法》规定：用人单位招用人员、职业中介机构从事职业中介活动时，应当向劳动者提供平等的就业机会和公平的就业条件。

3. 保障妇女享有与男子平等的劳动权利

用人单位招用人员，除国家规定的不适合妇女的工种或者岗位外，不得以性别为由拒绝录用妇女或者提高对妇女的录用标准。

4. 保障各民族劳动者享有平等的劳动权利

用人单位招用人员，应当依法对少数民族劳动者给予适当照顾。

5. 保障残疾人的劳动权利

各级人民政府应当为残疾人创造就业条件。用人单位招用人员，不得歧视残疾人。

6. 保障传染病病原携带者的平等就业权

用人单位招用人员，不得以是传染病病原携带者为由拒绝录用。同时，对其不能从事的工作作了法律限制。

7. 保障进城就业的农村劳动者的平等就业权

农村劳动者进城就业享有与城镇劳动者平等的劳动权利，不得对农村劳动者进城就业设置歧视性限制。

8. 规定了劳动者受到就业歧视时的法律救济途径

劳动者可以对违反《就业促进法》的相关规定，实施就业歧视的用人单位和职业中介机构向人民法院提起诉讼。

相关链接

就业歧视的种类

一是年龄歧视。用人单位总是把求职者的岁数限定在一定范围内。虽然这个限制在学生就业过程中表现得不是很明显，但也不能排除许多优秀的求职者在选择职业及单位时，不得不因为年龄的限制而与一些待遇优越、专业对口的单位失之交臂。

二是性别歧视。在很多双向选择会上，有一些用人单位会明确声明“不招女生”。

三是学历歧视。一些单位招聘员工为了“跟风”，一看别的单位只招收本科生，他们就招研究生，还称其为“追求轰动效应”，根本不考虑“杀鸡是否要用牛刀”。

四是相貌、身高歧视。一些公司招聘员工好似选美，完全不看是否有真才实学。求职者小李就因身高原因在应聘时屡试不中。

此外，还有另外一种就业歧视，就是求职者对用人单位的歧视。例如，地域歧视，许多求职者看不起西部地区，只想在东部或沿海地区找工作，或者瞧不起国内，认为只有去国外才能有所发展。此外，许多求职者刚到社会就梦想得到高薪、高待遇，看不起小企业、小单位，这就是行业歧视。

三、就业援助

对就业困难人员实施优先扶持和重点帮助的就业援助是构建社会主义和谐社会的基础工作之一，充分体现了党和政府对就业困难人员的关怀。《就业促进法》明确规定，各级人民政府应建立健全的就业援助制度。具体包括以下四方面内容：

1. 明确就业援助的对象

就业援助的对象主要是指因身体状况、技能水平、家庭因素、失去土地等原因难以实现就业，以及连续失业一定时间仍未能实现就业的困难人员。

2. 明确就业援助的措施

（1）各级人民政府建立健全的就业援助制度，采取税费减免、贷款贴息、社会保险补贴、岗位补贴等办法，通过公益性岗位安置等途径，对就业困难人员实行优先扶持和重点帮助。

(2) 地方各级人民政府加强基层就业援助服务工作，对就业困难人员实施重点帮助，提供有针对性的就业服务和公益性岗位援助；鼓励和支持社会各方面为就业困难人员提供技能培训、岗位信息等服务。

(3) 政府投资开发的公益性岗位，应当优先安排符合岗位要求的就业困难人员。被安排在社区公益性岗位工作的，按照国家规定给予岗位补贴。

(4) 各级人民政府采取特别扶助措施，促进残疾人就业，并要求用人单位按照国家规定安排残疾人就业。

3. 规定了对城市零就业家庭的就业援助

县级以上地方人民政府采取多种就业形式，拓宽公益性岗位范围，开发就业岗位，确保城市有就业需求的家庭至少有一人实现就业。

4. 规定了对就业压力大的特定地区的扶持

国家鼓励资源开采型城市和独立工矿区中发展模式与市场需求相适应的产业，引导劳动者转移就业。对因资源枯竭或者经济结构调整等原因造成就业困难人员集中的地区，上级人民政府应当给予必要的扶持和帮助。

四、就业服务与管理

我国现行的就业和创业政策，主要通过人力资源和社会保障部门与劳动力市场、人才市场具体实施。这里主要介绍人力资源和社会保障部门与人才市场能为毕业生提供的服务。

1. 人力资源和社会保障部门为毕业生提供的服务

(1) 提供人才供求信息。毕业生求职时，除了向用人单位发送求职材料外，也可以把个人简历送给当地人力资源和社会保障部门，人力资源和社会保障部门将用各种办法把毕业生的情况发布出去。当然，毕业生也必须随时注意收集人力资源和社会保障部门提供的人才需求信息。

(2) 举办人才交流会。人才交流会就像大型产品博览会一样，毕业生要主动积极地参与交流活动。因为在这种活动中，就业成功率会较高。如果因事耽搁了，事后就应该及时与当地人才市场取得联系。大型交流会每年难得办几次，人才市场却天天有。在许多大中城市中，人才市场几乎每周都举行人才交流活动。

（3）办理人事代理。人事代理就是人事代理单位受用人单位或者个人委托对有关人事业务进行代理。人事代理制度的建立是我国人事制度改革的一项重要内容。它的出现对于改革传统的毕业生就业方式，拓宽毕业生就业渠道，保障毕业生和用人单位的合法权益具有重要意义。

人事代理属于人才交流服务范畴，其主要职能如下：

1）为委托方提供信息咨询服务（包括人事政策咨询服务、人才供求关系信息、市场统计信息等），协助委托方研究、制定人才发展规划和人事管理方案等。

2）为委托方管理人事档案，办理技术人员专业技术职务任职资格的申报，办理大中专毕业生见习期满后的转正定级手续，调整档案工资，出具报考研究生、婚姻登记、办理独生子女手续、自费留学、出国等有关人事档案的证明材料。

3）为国家承认学历的大中专毕业生提供人事代理服务。从签订人事代理合同之日起，按照有关规定申报职称、计算工龄、确定档案工资、办理流动手续。

4）为委托方接转党团组织关系，建立流动人员党员组织，开展组织活动。

5）为委托方办理失业、养老等社会保险业务，并为其代办住房公积金。

以上职能可划分为单位委托和个人委托两大类。需要注意的是，各级人才流动机构与委托人不发生行政隶属关系，仅为其代理有关服务事宜。

相关链接

人事代理常见问题

第一，能够申请实行人事代理的毕业生类型。应实行人事代理的毕业生包括：通过双向选择，已同外资企业、股份制企业、乡镇企业、区街企业、私营企业、民办科技教育机构、医疗机构以及各种中介机构等非国有单位和实行聘用制的国有企、事业单位签订就业协议的毕业生；择业期内暂未落实就业单位，目前正在择业的毕业生；准备复习考研或自费出国留学的各类毕业生。

第二，未就业的毕业生办理人事代理需经过的程序。未就业或准备复习考研的大专以上毕业生与人才中心签订《就业协议书》后，将《就业协议书》交到学校就业办公室，由学校统一到有关部门办理《就业报到证》，并将其档案转交人才交流中心；毕业生持《就业报到证》、身份证等材料到人才交流中心报到，签订《人事档案管理合同》。

第三，毕业生办理人事代理手续对个人的有利之处。毕业生办理人事代理手续后，人才交流中心保障毕业生的合法权益，毕业生可以享受到和国有单位工作人员相同的人事待遇，如办理转正定级、初定职称、连续计算工龄、调整档案工资、职称资格考评、出国政审、党员管理、代办社会保险、户口迁入、出具以档案材料为依据的相关人事证明等。

第四，人事代理毕业生的工龄计算方法。毕业生凭《就业报到证》到人才交流中心报到后，无论从事何种职业，均从报到之日起开始计算工龄。工龄可以说明资历，工龄是毕业生进入国有单位享受工资晋升、职务变动、退休、保险等待遇的依据之一。

第五，人事代理毕业生参加养老保险的方法。毕业生本人持身份证、《人事档案管理合同》到人才交流中心办理开户缴费手续，缴费标准按当地省市核定的当年标准，在最低与最高标准之间由个人选择确定。

第六，人事代理毕业生在择业期内联系单位后办理改派手续的方法。若毕业生联系到可接收档案的工作单位，可持接收单位或其主管部门出具的接收函和原《就业报到证》到毕业生主管部门办理改派手续。之后凭新的《就业报到证》到人才交流中心将人事档案转往接收单位。

（4）进行资格鉴证。资格鉴证包括两方面内容：一是对用人单位是否有接纳毕业生的资格进行鉴证；二是对毕业生的资格证书的真伪等进行鉴证，防止欺诈。

2. 人才市场为毕业生提供的服务

人才市场是指包括单位自主择人、个人自主择业、中介组织提供中介服务在内的人才流动服务体系，它是社会主义市场体系的重要组成部分。人才市场的主要服务范围是：提供人才供求信息及相关服务；提供人才流动的法律政策咨询；接受用人单位委托，组织人才招聘。

第三章　就业维权

社会主义市场经济是法制经济，劳动者和用人单位都应受到法律的制约。劳动者与用人单位应当明确自己的权利与义务，在劳动过程中严格执行，以此形成良好的劳动秩序与和谐的劳动关系。通过本章内容的学习，同学们将了解《中华人民共和国劳动法》的适用范围和基本原则、劳动者的基本权利和义务、劳动合同的相关规定等知识。

第一节 《中华人民共和国劳动法》相关知识

一、《中华人民共和国劳动法》的适用范围和基本原则

1994年7月5日，我国第八届全国人民代表大会常务委员会第八次会议通过《中华人民共和国劳动法》（以下简称《劳动法》），并于1995年1月1日起施行。《劳动法》确立了我国社会主义市场经济条件下劳动力市场的基本法律原则，为保护劳动者的合法权益，稳定劳动关系提供了法律保障。

1.《劳动法》的适用范围

《劳动法》适用于中华人民共和国境内的企业、个体经济组织和与之形成劳动关系的劳动者。《关于贯彻执行〈中华人民共和国劳动法〉若干问题的意见》规定："中国境内的企业、个体经济组织和劳动者之间，只要形成劳动关系，即劳动者事实上已成为企业、个体经济组织的成员，并为其提供有偿劳动，适用《劳动法》。"这说明了不论劳动者是否与企业、个体经济组织之间签订劳动合同，只要存在事实上的劳动关系，其权益就受法律保护。

【例3—1】原告某米厂的老板为个体工商户李某，依法领取了营业执照，其经营范围为粮食收购、加工和销售。被告王某于2006年10月进入该厂做工，双方未签订书面劳动合同。根据李某的安排，王某主要从事收稻谷、打米、摆放物品等工作，李某按王某的出工天数向其支付报酬，每月结算一次。在做工期间，王某如外出要向李某请假。2008年8月6日，王某在做工时受伤，双方为此发生纠纷，王某于2009年1月向市劳动争议仲裁委员会申请仲裁，要求确认与该米厂存在劳动关系，该委员会裁决王某与该米厂事实劳动关系成立。该米厂不服，将王某诉至法院，要求确认与王某不存在劳动关系。市人民法院审理后，判决原告某米厂与被告王某之间的劳动关系成立。

分析：原被告之间虽未签订书面劳动合同，但双方已形成事实劳动关系。所以，原告某米厂诉称被告王某仅是其雇用的杂工，不存在事实劳动关系的理由不能成立。

在国家机关、事业组织、社会团体内工作的人员并非都统一适用《劳动法》。

在下列情况下可以适用《劳动法》：国家机关、事业组织、社会团体与其工勤人员之间的劳动关系；其他通过劳动合同与国家机关、事业组织、社会团体之间建立的劳动关系；实行企业化管理的事业组织与其工作人员之间的劳动关系。

在下列情况下不适用《劳动法》：国家公务员的劳动关系；实行公务员制度的国家机关以及比照实行公务员制度的事业组织和社会团体与其工作人员之间的劳动关系；现役军人与军队之间的关系；家庭雇用劳动关系。此外，依据《劳动法》的规定，除文艺、体育和特种工艺单位依照国家有关规定，经有关部门审批后，可以招用16周岁以下的未成年人以外，个人成为劳动者必须年满16周岁。因此，未满16周岁的未成年人也不适用《劳动法》。

2.《劳动法》的基本原则

（1）公民享有劳动权利和承担劳动义务的原则。《劳动法》规定了劳动者在各个劳动环节中应享有的具体权利和应承担的劳动义务。

（2）维护劳动者合法权益的原则。《劳动法》规定了劳动者的基本权利和在各个节假日期间应享有的权利。同时，还具体规定了用人单位必须履行的劳动义务，如遵守工时制度、提供劳动安全卫生保护、支付劳动保险费用、不得低于当地最低工资标准支付工资等。这些规定都体现了维护劳动者合法权益这一原则。

（3）参与民主管理原则。《劳动法》规定了劳动者可通过职工大会等形式，参与民主管理或与用人单位进行平等协商。这一原则是体现劳动者当家做主、行使权利的法律制度。

（4）实行按劳分配与公平救助相结合的原则。按劳分配是我国经济制度的一项基本原则。《劳动法》规定了工资分配应当遵守按劳分配原则，实行同工同酬。

在贯彻按劳分配原则的同时，要兼顾公平救助原则，并在社会保障制度中体现出来。

（5）劳动者公平竞争与特殊劳动保护相结合的原则。《劳动法》规定了劳动者不论性别、民族、出身及财产状况，都有权就业，并能通过劳动获取劳动报酬。同时，还规定了对女职工、未成年工、残疾劳动者、少数民族劳动者及退役军人劳动者等特殊劳动者的劳动保护。

二、劳动者的基本权利和义务

1. 劳动者的基本权利

（1）平等就业和选择职业的权利。

（2）取得劳动报酬的权利。

（3）休息休假的权利。

（4）获得劳动安全卫生保护的权利。

（5）接受职业培训的权利。

（6）享受社会保险和福利的权利。

（7）依法参加工会和职工民主管理的权利。

（8）提请劳动争议处理的权利。

（9）法律规定的其他劳动权利。

2. 对女职工和未成年工的特殊劳动保护

（1）对女职工的特殊劳动保护。包括：禁止安排女职工从事矿山井下、国家规定的第四级体力劳动强度的劳动和其他禁忌从事的劳动；不得安排女职工在经期从事高处、低温、冷水作业和国家规定的第三级体力劳动强度的劳动；不得安排女职工在怀孕期间从事国家规定的第三级体力劳动强度和孕期禁忌从事的活动，对怀孕七个月以上的女职工，不得安排其延长工作时间和夜班劳动；女职工生育享受不少于90天的产假；不得安排女职工在哺乳未满一周岁的婴儿期间从事国家规定的第三级体力劳动强度的劳动和哺乳期禁忌从事的其他劳动，不得安排其延长工作时间和夜班劳动；女职工在孕期、产期、哺乳期内，用人单位不得解除劳动合同等。

（2）对未成年人的特殊劳动保护。包括：对未成年工要进行上岗前培训；禁止安排未成年工从事矿山井下、有毒有害、国家规定的第四级体力劳动强度的劳动和其他禁忌从事的劳动；提供适合未成年工身体发育的生产工具；对未成年工定期进行健康检查等。

对女职工和未成年工实行特殊保护体现了社会的进步和发展，以及社会主义民主法制化的进程，促进了我国生产力的发展，进而提高了劳动生产率。

【例 3—2】一年前，某公司蔡小姐被派往南京担任驻该处副主任。在南京工作期间，蔡小姐因感到孤独、寂寞，不久便开始和当地一个小伙子恋爱并同居，两个月后怀孕。父母得知此事后，希望她与该小伙子立即断绝关系，并尽快作人流手术，但蔡小姐置之不理。八个月后，小伙子突然抛弃了她，蔡小姐怀着悔恨的心情回到上海，生下了这个不该出生的孩子。两个月后，蔡小姐提出：一、希望公司能将她调回上海工作；二、希望公司让她享受产假待遇，支付产假工资。经理当即表示同意她调回上海，但不能支付产假工资。同时向她解释道，非婚生子不能享受产假，但因产后的确需要休息，可以将已休息两个月的假让人事部当事假处理。但蔡小姐认为，非婚生子是她自己不对，可以按有关规定处罚她，但不能剥夺她休产假的权利，根据相关规定，自己可以享受 90 天的产假，并享受产假工资。

分析：产假与产假待遇是两个不同的概念。妇女生育后休产假是法定的，不管其生育是否符合计划生育政策。员工提出要求休产假，企业都应无条件地批准。国家规定产假为 90 天，目的是为了能够保障产妇恢复身体健康，只要员工有生产的事实，就应享受产假。但是，鉴于未婚生育违反了计划生育政策，则在休产假期间，不能和符合计划生育政策的员工一样享受到产假期间的相关待遇，如检查费、接生费、手术费、住院费和药费及产假期间的生育津贴（产假工资）等。

3. 劳动者的基本义务

（1）按时完成劳动任务。劳动者的劳动权利能力和劳动行为能力必须由劳动者本人实现。

（2）提高职业技能。

（3）执行劳动安全卫生规程。

（4）遵守劳动纪律和职业道德。

【例3—3】 毕业生宋某在参加某私企面试时，被要求在一张表格上签字并填写另一张表格，被要求签字的表格是“某某公司情况告知书”，告知书中的内容包括：劳动者的工作内容、工作条件、劳动报酬等。被要求填写的表格是“某某公司员工求职登记表”，登记表中的内容包括：年龄、学历、工作经历、有无男（女）友、是否与男（女）友同居。宋某拒绝填写该登记表，认为单位这种行为是侵犯个人隐私权的。单位认为：单位已经履行了对劳动者的告知义务，劳动者也得按单位的要求履行告知义务，不愿意填就不能录用。

分析： 用人单位招用劳动者时，应当如实告知劳动者工作内容、工作条件、工作地点、职业危害、安全生产状况、劳动报酬，以及劳动者要求了解的其他情况。同时，用人单位也有权了解劳动者与劳动合同直接相关的情况，劳动者应当如实说明。

第二节　劳动合同及相关制度

一、劳动合同制

劳动合同制是用工单位和劳动者通过签订劳动合同，明确劳动者在劳动就业期间双方权利和义务的一种用工制度。

目前，我国已基本实现全员劳动合同制。全员劳动合同制度的主要内容是：

第一，企业全体职工包括经营管理人员、技术人员和生产操作人员都要在平等、自愿、协商一致的基础上与企业签订劳动合同，明确双方的责、权、利。

第二，在企业内部取消不同身份界限，企业全体人员统称企业职工或企业员工。取消工人和干部的身份界限，对干部实行聘任制，能上能下。

第三，实行双向选择。合同期满后，企业与职工可以续签合同，职工也可以离开企业，另谋职业。

二、劳动合同的性质与作用

1. 劳动合同的性质

劳动合同是劳动者与用人单位之间确立劳动关系、明确双方在劳动和相关方面的权利与义务的协议。

劳动合同由劳动者与用人单位双方协商订立，一般采取书面文本的形式，签字盖章后生效。书面形式的劳动合同不仅有利于合同双方当事人履行合同的条款，而且有利于有关部门的管理监督，在发生合同纠纷时也有据可查，便于处理。

2. 劳动合同的作用

劳动合同的订立和实施在就业和劳动领域具有以下作用：

（1）劳动合同是劳动者与用人单位双方建立劳动关系的凭证，也是调整双方劳动关系的手段。

（2）劳动合同是一种法律文本，是确立双方劳动关系的法律形式，劳动者的权益据此能够得到国家法律的保护。

（3）劳动合同是规范双方行为的准绳，用人单位要按照合同提供正常的劳动条件、发放工资报酬等，劳动者要按照合同从事工作、完成任务。

（4）劳动合同中的各项条款是处理双方之间劳动争议的重要依据。

三、劳动合同的内容、订立与期限

1. 劳动合同的内容

劳动合同的内容是指在劳动合同协议中需要明确规定的劳动关系双方当事人的权利义务和其他事项。除了“开始条款”和“结束条款”按照一般合同的格式书写外，劳动合同的条款主要有以下几方面：

（1）必备条款。必备条款主要包括：合同期限、工作内容、劳动保护和劳动条件、劳动报酬、劳动纪律、劳动合同终止的条件、违反劳动合同的责任。

（2）除七项必备条款以外，双方认为需要约定的其他内容。

（3）有关的附件。例如，用人单位的一些规章制度等。

2. 劳动合同的订立

劳动合同的订立应当遵循“平等自愿，协商一致，依法订立”的原则。上述原则具有普遍约束力和指导意义，是衡量当事人双方订立劳动合同是否合法与有效的标志。

（1）平等自愿原则。平等是指在订立劳动合同时，当事人之间地位完全平等。平等表现为订立劳动合同的双方当事人都是以劳动关系主体资格出现，互不隶属，各自独立；还表现为劳动合同的内容依照法律规定由双方当事人共同协商确定，一方不能强迫另一方接受自己的条件。自愿是指订立劳动合同完全是出自双方当事人自己的真实意志，是双方在意思表示一致的情况下，充分体现了自己订立劳动合同的意图，经过平等协商而达成协议。自愿表现为劳动合同的订立必须由当事人按照自己的意愿独立地完成意思表达，他人不得强迫对方完成这种意思表示。

（2）协商一致原则。协商一致是指劳动合同的内容、条款在法律允许的范围内，由双方当事人共同讨论、协商，在取得完全一致的意思表示后确定。只有双方当事人就合同主要条款达成一致意见后，合同才成立和生效。

（3）依法订立原则。依法订立是劳动合同有效并受法律保护的前提条件，是把劳动关系纳入法制轨道的根本途径。这一原则的根本要求有五方面：

1）订立劳动合同的目的必须合法，当事人不得以订立劳动合同的合法形式掩盖不法意图和不法行为的内容。

2）订立劳动合同的主体必须合法，即当事人双方必须具备法律、法规规定的主体资格。劳动者必须达到法定劳动年龄，具有劳动权利能力和劳动行为能力；用人单位必须具备法人资格或公民资格，具有承担合同义务的能力。

3）订立劳动合同的内容必须合法，当事人双方在合同中设定的权利义务条款必须符合国家法律、法规及有关政策和规定。

4）订立劳动合同的程序、形式必须合法。

5）订立劳动合同的行为必须合法，不得有欺诈或强迫行为。

《劳动法》规定，当劳动合同存在违反法律规定、采取欺诈或威胁等手段订立时，就是无效合同。劳动争议仲裁委员会或人民法院具有确认劳动合同是否无效的权限。

3. 劳动合同的期限

劳动合同的期限分为以下 3 种类型：

(1) 有固定期限的劳动合同。例如，一年、三年、五年等固定期限。

(2) 无固定期限的劳动合同。这种劳动合同是指订立合同的当事人在合同书上只写明起始日期，而没有写明终止日期，合同期限是不固定的，根据当事人双方的意愿可长可短。同时，这种劳动合同一般都要明确规定解除合同的条件，不符合解除合同条件的，任何一方不得解除合同。

(3) 以完成一定的工作为期限的劳动合同。这种劳动合同是指订立合同的当事人双方把完成某项工作或工程的时间作为劳动合同起始和终止的条件。

此外，订立劳动合同时，可以规定一定的试用期。试用期的时间不得超过半年。

四、劳动合同实施中的法律关系

1. 劳动合同的终止

劳动合同大多规定固定期限，如一年、三年、五年、十年的合同，并有合同的起始时间和终止时间。在合同书上规定的合同期限届满之时，就是劳动合同的终止之日。

2. 用人单位解除劳动合同的条件

劳动合同的解除是指在劳动合同订立后且未履行完毕之前，由于某种因素导致当事人双方提前终止合同效力的法律行为，是劳动合同变更的一种特殊形式。

用人单位在下列情况下可以解除劳动合同：

（1）劳动合同当事人双方协商一致，同意解除劳动合同时，用人单位可以解除劳动合同。

（2）在出现下列情形之一时，用人单位可以解除劳动合同：①劳动者在试用期间被证明不符合录用条件；②严重违反劳动纪律或者用人单位的规章制度；③严重失职、营私舞弊，对用人单位利益造成重大损害；④劳动者被依法追究刑事责任。

（3）在出现下列情形之一时，用人单位可以解除劳动合同，但要提前30日以书面形式通知劳动者本人：①劳动者患病或者非因工负伤，医疗期满后，不能从事原工作，也不能从事由用人单位另行安排的工作；②劳动者不能胜任工作，经过培训或者调整工作岗位，仍不能胜任工作；③劳动合同订立时所依据的客观情况发生重大变化，致使原劳动合同无法履行，经当事人双方协商不能就变更劳动合同达成协议。

（4）在出现下列情形之一时，用人单位不得以第三种情况的理由解除劳动合同：①劳动者患职业病或者因工负伤并被确认丧失或部分丧失劳动能力；②患病或者负伤，在规定的医疗期内；③女职工在怀孕期、产期、哺乳期内；④法律、法规规定的其他情形。

（5）用人单位在因濒临破产的法定整顿期间或者因生产经营状况发生严重困难，确需裁减较多人员的，可以解除劳动合同。

3. 劳动者解除劳动合同的条件

劳动者可以使用以下两种方式解除劳动合同：

（1）劳动者可以解除劳动合同，但应当提前 30 日以书面形式通知用人单位。这一规定实际上对劳动者解除劳动合同不设置任何障碍和条件，以维护公民“劳动自主”的权利。

（2）在出现下列 3 种情形之一时，劳动者可以随时通知用人单位解除劳动合同，不需提前 30 日以书面形式通知用人单位：①在试用期内；②用人单位以暴力、威胁或者非法限制人身自由的手段强迫劳动；③用人单位未按照劳动合同约定支付劳动报酬或者提供劳动条件。

【例 3—4】 陈某是上海某院校的应届毕业生，2009 年 6 月 25 日毕业。2009 年 6 月 26 日，陈某应聘上海市 A 玩具厂的厂办行政文员岗位，经面试，厂方对陈某表示满意，决定对陈某试用 1 个月，工资定为 1 000 元，并约定试用期结束即签订劳动合同。7 月 25 日，试用期结束，陈某提出辞职，厂方允许，照发一个月工资，双方无任何争议。辞职后陈某到另外一家外企工作。

2009 年 9 月 30 日，陈某上班的外企倒闭，陈某又回原先工作过的 A 玩具厂应聘仓库保管员，厂里决定录用他。10 月 1 日，厂方人事经理找陈某，拿出两份内容相同的《劳动合同书》，要求陈某签订劳动合同。该《劳动合同书》是上海市统一的劳动合同文本，条款格式上没有违法问题，具备了全部的法定必备条款。

从该《劳动合同书》的内容上看，其主要规定包括：陈某的工作岗位是该厂仓库保管员，负责库存物品管理；劳动合同期为 2 年（从 2009 年 10 月 1 日至 2011 年 9 月 30 日），试用期为 1 个月，试用期工资定为每月 960 元（上海市最低工资标准），待陈某转正以后，每月工资提为 2 000 元（该厂相同岗位正式职员

导，企业根据社会平均工资水平和自身的经济效益自主决定工资水平。

《劳动法》还规定，劳动者在法定休假日和婚丧假期间以及依法参加社会活动期间，用人单位应当依法支付工资。

2. 社会保险制度

根据我国相关规定，用人单位为劳动者缴纳养老保险、医疗保险、失业保险、工伤保险和女职工生育保险。国家鼓励用人单位根据本单位实际情况，为劳动者建立补充保险，提倡劳动者个人进行储蓄性保险。

【例 3—6】 某公司与毕业生小赵签订了 2 年期限的劳动合同，试用期为 3 个月。在合同期限届满前，小赵在查询自己的社会保险缴纳记录时，发现单位未缴纳试用期的社会保险。当小赵向公司提出补交的要求时，该公司人事部门告知，只有在试用期过后，公司才为员工缴纳社会保险，试用期间一律不为其缴纳社会保险。

分析： 一些用人单位为了降低人力成本，就连短暂的试用期也逃不过其“算计”。而且，这些用人单位还有一套看似非常合理的说辞。他们常常以试用期的劳资关系不稳定为由，不为试用期的员工缴纳社会保险。

根据《劳动法》规定，用人单位必须为劳动者缴纳基本养老保险、失业保险、医疗保险、工伤保险、生育保险等社会保险。劳动合同一旦签订，双方之间就建立了劳动关系，用人单位就必须为劳动者缴纳社会保险。由于劳动合同期限就包含试用期，所以，试用期间的毕业生应享有和其他正式员工一样的劳动权益，用人单位也就应该为毕业生缴纳社会保险。

3. 职业安全卫生制度

用人单位必须建立职业安全卫生制度，严格执行职业安全卫生规程和标准，对劳动者进行安全卫生教育，防止劳动过程中的事故，减少对于劳动者的职业危害。

4. 劳动争议仲裁制度

劳动争议也称劳动纠纷，是劳动关系双方当事人因执行劳动法律、法规或履行劳动合同时，持不同的主张和要求而产生的争执。在发生劳动争议的情况下，可以实行和解、在工作单位内进行调解、到政府劳动争议仲裁委员会申请仲裁和到人民法院提出起诉的解决方法。在劳动争议的处理中，实行合法、公正、及时处理和依法维护双方当事人合法权益的原则。

劳动争议仲裁是劳动争议仲裁机构对申请裁决的劳动争议案件依法进行裁决的活动。我国实行劳动争议仲裁庭和仲裁员办案制度。劳动仲裁的程序包括仲裁申请、仲裁受理、仲裁审理 3 个阶段。仲裁审理阶段包括组成仲裁庭或者指派仲裁员进行审理准备、开庭审理、做出裁决等步骤。劳动争议的裁决作出后，具有法律效力。劳动争议的当事人在对劳动争议仲裁的结果有反对意见时，可以向人民法院提出诉讼。在一方超过期限而不执行仲裁结果，也未向人民法院提出起诉的情况下，另一方有权申请由人民法院强制执行。

相关链接

求职常见的三类权益侵害

毕业生求职所遇到的权益侵害大致可以分为以下三类：

第一，协议或合同只对企业单方面有利，如条款中只规定了求职方违约的处罚措施。这样就会导致如果求职的毕业生违约会承担违约责任（如被罚款等），而企业违约则以合同或协议条款中未规定相关处罚措施而逃避责任。

第二，不签合同。有些企业在试用毕业生时开空头支票，“先试用，后签约”是他们挂在嘴边常说的话；或者不签劳动合同，只签劳务合同，从而拒绝履行对毕业生的各项劳动保障义务。

第三，不当收费。一些企业在招聘毕业生时收取报名费，“决定录用”以后向学生收取风险抵押金、服装费、培训费等。这些都是不合理的收费，毕业生求职的时候应该拒绝交纳。有些公司根本就是非法的，招聘毕业生只是为了骗取报名费等费用。

毕业生如果在劳动合同签订前发现问题，要据理力争，甚至拒绝签订劳动合同；如果在劳动合同签订后发现问题，要与单位协商变更，甚至请求仲裁委员会就合同是否有效进行认定。

第四章　就业准备

巴斯特有句名言："机会只留给有准备的人。"

当同学们即将踏上就业的旅途，有没有问过自己："我准备好了吗？我该准备什么？如何准备才能确保就业成功？"通过对本章内容的学习，同学们将了解就业信息的种类、就业材料的准备事项和就业程序，并树立正确的就业理念。

第一节　就业信息

就业信息是指通过各种媒介传递的有关就业方面的消息和情况。就业信息是职业院校学生选择职业和顺利就业的重要依据和可靠保证。随着社会主义市场经济体制的逐步建立和完善，就业已完全市场化，用人单位与毕业生双向选择的自主权进一步得到加强。在择业过程中，如果不及时掌握准确可靠的就业信息，就无法稳妥地把握就业的主动性。而信息收集得越多，可供选择的范围就越大，选择理想工作的可能性也就越大。

一、就业信息的种类

就业信息种类较多，但最主要的是就业政策信息、职业发展信息、人才需求信息和就业指导信息这四类信息。

1. 就业政策信息

就业政策信息是指国家有关部门制定的关于就业工作的方针、政策、部署和措施，是根据一定时期社会生产力的发展、人才需求情况及就业任务而制定的。熟悉并掌握这些信息，就能站在更高的层次对待择业，从容地面对社会环境的变化，不至于被一时一事的假象或者一句不负责任的建议所左右，而陷入困惑。掌握国家就业方针等宏观信息，对于同学们规划人生道路，谋求长远发展十分重要。

2. 职业发展信息

职业发展信息是指国家产业结构、行业企业布局、职业发展趋势等信息。例如，从产业结构来看，我国正处于三次产业大调整之中，各地区由于经济、文化等发展环境不尽相同，一、二、三产业的发展策略也不一样。需要提醒的是，择业时切忌盲目涌向热门行业，而应根据自己的专业、自身条件以及国家的需要，冷静分析，寻找到社会用人的最佳点。

3. 人才需求信息

人才需求信息是指各行业、各地区、各部门、各单位的职业岗位人才缺口、人才供需和流动趋势以及对人才素质的要求等信息。这些信息是最直接的就业信息。职业院校学生只有全面了解掌握这些信息，就业时才能做到有的放矢，提高就业成功率。

4. 就业指导信息

就业指导信息是指就业指导机构对当前就业形势的分析和就业指导专家或指导教师对当前职业选择的方法、技巧发表的观点和提出的建议等。这类信息能帮助职业院校学生比较全面地把握就业现状，有针对性地进行就业准备工作。

二、就业信息的捕捉

就业信息是通过多种渠道进行传播的，职业院校学生必须广泛了解各方面信息，以捕捉到全面而准确的就业信息，帮助自己作出正确的职业选择。

1. 加强联系，拓宽信息捕捉渠道

（1）通过社会组织机构捕捉就业信息

1）学校主管部门。职业院校普遍设有招生就业办公室，该部门所掌握的信息准确性和权威性比较高，对就业政策也比较熟悉。职业院校学生应该经常与该部门保持联系，了解社会对人才的需求情况以及本校毕业生的就业历史及趋势，从中获取经验，积累信息资源，为就业早做准备。

2）社会就业咨询机构。目前，各地都建立了比较完备的社会就业咨询机构，如社会职业指导站，或称职业介绍所。这类机构掌握的社会职业需求信息比较全面，并备有介绍各类企事业单位概况的资料。因此，职业院校学生应当注意这些机构发布的社会职业需求信息，有机会还可主动上门，了解需求动态和查询资料。此外，近几年来，很多地方还悄然兴起了一些人才商务咨询公司，这些公司一般都建有很大的人才信息库，其任务主要是为完成包括毕业生在内的人才与用人单位的对接提供有偿服务。职业院校学生也可与这些公司加强联系，主动参加公司组织的联谊活动，积极与用人单位接触。

（2）通过传播媒介捕捉信息。许多急需人才的单位较多地通过现代化的宣传工具，如广播、电视、报纸杂志等，刊登招聘广告，说明所需人才的规格、工作性质、待遇、人数等情况。为了提供人才信息，沟通学校与社会、人才与用人单位的联系，一些专门的报刊也应运而生。职业院校学生要善于利用这类媒介信息量大、速度快、覆盖面广的特点，及时捕捉对自己就业有用的职业信息。

职业院校学生也可通过企业名录寻找适合自己就业的单位。这些名录介绍了企业名称、地址、电话、职工人数、主要产品、经营范围及生产规模等，这也为寻找就业单位提供了线索。

职业院校学生还可通过网络获取丰富的就业信息。网络是信息传递速度最快、内容最多、最直接的宣传媒体，也是捕捉就业信息的主要渠道。

（3）通过自我活动捕捉信息

1）通过生产实践与社会实践获取信息。实习单位的专业一般都很对口，职业院校学生在生产实习过程中，可直接与用人单位接触，熟悉用人单位的工作环境、工作性质、工作要求，并有意识地使自身的素质能符合用人单位的要求。同时，如果实习中能结识用人单位的领导或工程技术人员，则可以方便地获取有关信息，即使不想留在实习单位，也可通过这一渠道打听、收集同类企业的人才需求情况。

2）通过自荐活动获取信息。职业院校学生可以通过电话咨询、登门拜访或写求职信等方式直接与用人单位接触，收集用人信息。这要求同学们要有“毛遂自荐”的意识，并且对自己打算联系的单位要有大概的了解和预测。这种形式主动性强，虽盲目性大，但在就业信息缺乏时，也可作为捕捉信息的重要渠道。

（4）通过就业市场捕捉信息。通过就业市场不仅可以了解许多不同单位的人才需求信息，而且能提供极好的锻炼面试技能的机会，同时还有利于职业院校学生认识自我。

就业市场包括各行业、各地区、各部门（如人力资源和社会保障部门、人才交流中心）举办的人才市场。尤其值得重视的是由学校或当地毕业生调配部门组织的毕业生供需见面会，其针对性强，且各单位都会派负责人参加，供求双方直接接触，有利于交流沟通，获得可靠的、第一手的信息，而且可以当场拍板，签订协议，简便高效。

（5）通过各种社会关系捕捉信息。俗话说：众人拾柴火焰高。每个人都是纷繁复杂的社会关系网中的一个节点。这种人际间的互相联络是交流各种信息的纽带。职业院校学生要善于利用这种信息传播途径，通过家庭、亲友或同学等一切社会关系，了解社会需求人才的信息。事实上，每年有不少毕业生都是通过这些途径落实就业单位的，他们在工作岗位上充分发挥自己的才能，同样取得很大的成功。

2. 快速出击，把握信息捕捉机遇

由于就业信息具有较强的时效性，且传播范围广，谁先获得它，谁就能抓住机遇，掌握主动权。因此，收集信息要及时，早做准备，不能临时抱佛脚。

（1）做有心人。社会中不是缺少信息，而是缺少发现信息的人。同样的信息，有的人视而不见，听而不闻，置身于信息海洋之中却不停地埋怨缺乏信息；有的人则能从一鳞半爪的迹象里获得新的就业、创业思路。因此，为获得有利的信息，促进自身的发展，就应该时时处处注意观察，做有心人。

（2）当机立断。遇到合适的就业信息就应该全力争取，绝不能迟疑不决，瞻前顾后。看准了时机，就要果断出击，否则就可能与成功的机遇失之交臂。冷静思考，果断出击，方能使自己的就业、创业之路越走越宽。

3. 全面准确，提高信息捕捉质量

有些职业院校学生只注意根据自己预先设定的目标收集有关行业和单位的就业信息，这容易使自己放弃或忽视了一些“后备”信息，在求职遇挫时感到无所适从，造成被动。因此，收集信息要全面准确。

全面就是要求收集的信息面不能太窄，要广泛收集各个方面、不同层次的就业信息。

准确就是指收集的就业信息要可靠无误。一方面，用人单位需要什么层次、什么专业的人才，在性别、外貌和写作能力等方面有什么特殊要求，都要了解清楚；另一方面，就业信息具有很强的时效性，所了解的信息是不是过期的信息，用人单位是否已经物色到合适人选。这些情况都要准确，绝不能似是而非。

总之，职业院校学生应对就业信息进行全方位的捕捉，了解其背景、特点和时效，以提高信息的准确度和可信度，这样才真正有利于就业。否则，偏听偏信，只会贻误就业和创业的良机。

三、就业信息的处理和运用

就业信息与就业成功密切相关，但拥有信息并不等于把握住了成功，正如拥有金矿不等于拥有真金一样。只有将信息进行筛选、提炼、加工处理，才能使信息产生促进就业成功的作用。

1. 就业信息的处理

（1）正确鉴别信息。不要认为亲朋好友传递的信息和报刊上传播的信息就绝对可靠，肯定没问题。亲朋好友传递的信息也许不全面，用人单位的广告加以粉饰的也不少。因此，对于各种信息都必须缜密思考、仔细推敲、去伪存真，以免信息有误，懊悔不迭。

（2）重点把握信息。处理信息时，要对与自己有关的信息按重要程度排队，将重点信息标明并注意留存，一般的信息仅作参考，不要主次不分。所谓重点信息和一般信息都是因人、因时、因事而异的，应当根据自身素质特点、专业基础、职业技能、择业目标以及社会需求等诸多因素进行筛选和确定。对于重要的信息，要注意寻根究底，尽量了解透彻，争取对信息所指对象的历史、现状和未来有一个清醒的认识，有些情况还要通过合适的方式或从侧面进行了解，以确定信息的可靠度。详细掌握这些材料，能使决策更加科学、合理，有利于事业的成功。

（3）客观评价自己。衡量自身是筛选信息的核心所在，适合自己的就是最好的。好高骛远、人云亦云、不切合自身实际，都是筛选信息的大忌。倘若不顾自己的专长和条件，以待遇、地点等物质利益作为首选原则，即使侥幸在求职中取得“成功”，在未来的发展中也会逐渐表露出自己的弱势，发展后劲也是不足的。

2. 就业信息的运用

信息的价值不在于其自身，而在于为人提供服务，满足人的需要。就业信息只有被运用于求职实践中，才能真正实现其价值，完成自己的使命。

（1）及时运用信息。任何一则就业信息都有一定的时效性，如果对判断有价值的信息表现得很犹豫，没有立即去运用，就很可能出现报名人选已满或用人单位已录用他人的情形。因此，自己所需求的就业信息一旦选定，就要不失时机地主动与用人单位的主管人员联系，询问应试的方式、时间、地点和要求，并准备好一套完整的求职材料，及时送上，使就业信息尽早变成供需双方沟通的重要桥梁。

运用信息还需要有一定的灵活性。在人才市场上，用人单位对外发布的用人标准、要求等信息并不是一成不变的，实际上是可以有所变通的。例如，某单位要求求职者的身高在 1.75 m 以上，但求职者的身高也许只有 1.73 m，如果仅从信息表面看可能不符合要求，但实际上去争取一下，也有被录用的可能。

（2）调整自己。调整自己就是根据筛选出来的职业信息的具体要求，对照检查自己，并及时调整自己的知识、技能结构，弥补不足。如果是自己的知识结构不适应该职业的具体要求，就要努力地去拓宽知识面，完善知识结构；如果是自己的技能欠缺，就应及时加强必要的训练，通过相应的培训来掌握相关技能，以适应需要。

（3）交换信息。如果收集到的信息无法解决就业问题，也就意味着这些信息对自己没有用，但应该想到有可能会对别人十分重要。封闭对别人有用的信息是一种极大的资源浪费。因为输出对别人有用的信息，不仅是对别人的帮助，而且别人的顺利就业也意味着减少了一个竞争对手。同时，提供信息给别人不仅增加了与人交流信息的机会，而且自己也可能从别人那里得到意外的收获。

第二节　就业理念

当职业院校学生完成学业、步入社会的时候，就意味着从依附家庭走向独立人生，从宁静校园走向职业世界，就要开始踏上追求自己理想的道路了。就业与创业都是实现自己理想的有效途径，在就业中可以创业，在创业中也可以实现就业，关键在于以何种气度和心态跨出这人生征途的第一步。

一、就业观念

要在变革迅速、竞争激烈的当今社会中找到合适的位置，充分发挥自己的聪明才智，最重要的是要做好充分的思想准备，转变就业观念，树立与现实相符合，与社会发展和社会需要相符合的就业观念，并以此为基础，优化知识结构，提高能力素质。树立正确的就业观念应该做到如下几点：

1. 择业要量力而行

就业是一种双向选择行为，既是职业院校学生对用人单位各项条件的要求，如单位性质、工作环境、工资待遇、福利条件、劳动强度等，也是用人单位对职业院校学生所具备条件的选择，如专业技能水平、实践操作能力、道德品行、待人接物的态度、思想觉悟水平、人际关系协调能力等。只有双方的条件都能被对方接受时，就业才能实现。所以职业院校学生在选择用人单位和具体工作时，要实事求是地从自身条件出发，针对用人单位提出的要求，选择双方要求基本一致的用人单位，切不可不顾自身条件，一味要求工作轻松、工资高、待遇好。

2. 树立“先就业，后择业”的观点

（1）找一份理想的工作难度很大。面临就业市场日趋激烈的竞争，一些毕业生甚至打出了“零工资”的旗号。他们希望用人单位能先给他们一个工作机会，试用满意后再谈薪水。无论是“无薪求职”，还是“低薪求职”，都反映了当前就业难的问题。可见，在当前的就业环境下，岗位合适、薪水又高的理想工作是很难找的。

（2）找一份适合自己的工作需要一个过程。初次就业只是职业生涯的第一步，以前实行统包统分，就业到一个单位后，基本是终生的，而现在实行“双向选择，自主择业”，人才都在不停地流动。由于人才不断流动，所以想在短时间内找一份固定的、合适的“铁饭碗”很难，只有树立不断进取的职业流动观念，才能学会在流动中发现机会、抓住机会、把握机会。可见，初次就业时不能期望太高，因为要花时间去了解市场、熟悉环境和钻研业务，况且作为刚刚毕业的学生，工作经验很不足，所以必须要调整好心态。职业生涯是一个长期的人力资本投资的过程，不能有短期的思维，不能总怀着一步到位、从一而终的想法。

（3）就业制度在不断变化。一定要明确自身面临的是“生存”还是“发展”问题，有了生存才有发展，生存在前，发展在后。明白了这个道理后，就要积极寻找、有效利用信息，边工作边调整，为自己设计一个符合社会发展需求和适合自身特长、满足自身条件的职业，慢慢向自己的理想职业靠近。

3. 明白专业对口的相对性

职业院校学生在学校中学习了某个专业，所以想找一个专业十分对口的工作去发挥才能，这是可以理解的。学校在安排就业时，也尽量按专业对口去安排。但是，实际需要与所学专业往往难以做到完全吻合，丝毫不差。所以，在就业时只能要求大致方向上的专业对口，如果要求从事的具体工作跟学校所学的知识完全一致，量身定做，那是极不现实的。职业院校学生应该努力用在学校中培养起来的素质去适应工作需要，做出成绩。

4. 树立去民营企业和基层建功立业的观念

在大城市、好单位所提供的就业岗位日趋饱和的情况下，民营企业和基层有广阔的发展空间。

目前，我国的个体私营企业在社会主义市场经济的大环境中十分活跃，具有很强的竞争力，其中有不少已成为经营有方、声名显赫的大企业。这些企业近几年招聘录用人员的需求量大增，远远超过国有企业，这是职业院校学生实现就业的新途径。另外，改革开放以来，随着海外资金和国外资金的不断引进，“三资”企业、外资企业发展迅速。这些企业的投产运行，同样需要大批能掌握先进技术的专门人才。

基层是职业院校学生经受锻炼、接受考验、磨炼成才的重要场所，到基层工作是了解社会、服务社会、增长才干、成长成才的必由之路。因此，职业院校学生要树立献身基层、扎根基层的就业观。

很多职业院校学生有一种片面的择业观，在心理上畏惧民营企业和基层，认为去了民营企业和基层就没面子、没前途。确实，民营企业和基层的条件相对较差，但人才也比较匮乏，很多人去了以后往往会被委以重任，甚至独当一面，有更多的机会施展才华，实现理论与实践的结合。

二、就业心理

1. 就业心理准备

要实现理想的择业目标，需要付出艰辛的劳动，甚至要历经种种曲折。因此，对择业的曲折性要有充分的心理准备，要以饱满的热情去追求理想的职业目标。

（1）积极乐观，保持良好心态。有人说，就业的竞争也是心理素质的竞争。实践表明，良好的就业心态主要体现在能理智地看待就业问题，能冷静地分析就业形势，能坦然地面对就业竞争，能乐观地摆脱就业挫折。所以，职业院校学生在平时就要有意识地培养自己良好的就业心态，注重健康心理素质的养成，消除可能出现的容易引起不良心态的消极因素，在就业的关键时刻能够保持乐观冷静，临场不慌。

要保持良好的就业心态，就必须充满自信。自信是一个人前进的动力和成功的第一秘诀。就业前必须确立“我能行”“我一定能干好”的自信心。

车尔尼雪夫斯基有句名言：“假如一个人总想着‘我办不到’，那他必然会办不到。”充满自信是职业院校学生择业成功的前奏。充满自信并不是盲目乐观，而是能对困难有充分的估计。由于影响就业成功的主客观因素比较复杂，导致大多数人的就业过程并非一帆风顺，有些困难是在所难免的，如求职信发出后杳无音信、要求面试遭拒绝、面试中回答不出问题等。这些常见的问题都应该提前考虑到，只有这样，才能避免遭遇失败时影响情绪。做任何事情，既可能成功，也可能失败。只有充满自信的人，才有可能使失败成为成功之母。

（2）完善个性，适应职业需要。社会生产、生活范围十分广阔，职业岗位千差万别，不同职业对人的个性特征有着不同的，甚至是特殊的要求。一般来说，具有某种个性特征的人与他所从事的职业要求不符时，很容易使工作质量受到影响。因此，准备就业的职业院校学生应该了解、完善自己的个性，以便更好地胜任工作。

一个人的个性也只有在工作与社会环境中得到陶冶，才能日趋完善。职业院校学生就业时，不应囿于自己原有的个性去选择职业，而应结合工作实际，扬长避短，做到通过工作锻炼自己的能力，通过与人交往改变自己性格的不良方面，通过实践消除自己气质中的消极因素。因此，人生的价值只有与事业紧密联系在一起，才能得到充分发挥；只有朝着适应社会职业岗位需要的方向努力，才能完善自己的个性，实现人生的价值。

（3）审时度势，调整职业期望。一般来说，每个人都希望获得一份能更好地满足自己物质生活和精神生活需求的工作。但是必须看到，就业意愿同现实情况出现矛盾会经常发生。遇到这种情况时，有的人过分执拗于原有的职业目标，不肯在一时无法实现原来目标的情况下改变初衷，以求他职，或者总是怨天尤人，其实，这些都是没有必要的。俗话说，条条道路通罗马。灵活地根据现实需要及自身条件调整自己的期望值，拓宽择业的范围，是非常重要的就业策略。因此，职业院校学生在遇到职业目标难以实现的情况下，不妨先改变一下择业标准，争取及时就业，在新的职业领域里培养兴趣；或者积极创造条件，积蓄力量，在可能的条件下继续向原有的职业方向努力。在现实的择业情况中，许多人正是通过采用上述方式最终找到了适合自己的理想职业。

（4）端正自我，提高抗挫折能力。每个职业院校学生都要有抗挫折的心理准备。就业不可能一帆风顺，肯定会出现许多问题和困难，关键是怎样去面对这些困难。作为一个成年人，不仅要学习、工作，还要处理生活中的各种事情，如社会关系、恋爱婚姻等，这些都是新的考验，期间会有失意、痛苦和眼泪。每个求职的学生都应该学会坚强，培养乐观的人生态度，勇敢地迎接新生活的挑战。可见，职业院校学生要想实现职业理想，顺利就业，遇到挫折时必须“处变不惊”，自觉提高自身的抗挫折能力。一个人在事业上能否取得成功，不仅取决于个人能力的大小、环境的优劣，更重要的是是否具有坚定的信念和坚强的意志。

2. 克服负面的就业心理

负面的就业心理对成功就业影响很大，必须克服以下几种负面的心理现象：

（1）矛盾心理。职业院校学生在求职择业的过程中，往往面临着各种剧烈的心理冲突，因而产生下列多种矛盾的心态：观念陈旧，认为上技校就找到了“铁饭碗”，对就业单位挑三拣四；不根据自身实际情况合理择业，看不起合资、民营行业，盲目追求国有企业；不考虑自身的专业知识、技能水平是否能胜任企业的岗位要求、能否为企业创造效益，盲目追求高待遇、高福利；不客观分析市场对技能水平的需求标准，自以为是，认为自己经过专业培训，理应属于高技能人才，享受高技能人才的待遇；在遇到挫折后容易自卑；既崇尚个人奋斗、自我实现，又有较强的依赖感。职业目标上理想和现实的反差，自我认知上自傲与自卑的并存，职业选择上独立性和依赖感的交错，使得部分职业院校学生在就业中感到十分矛盾。

（2）焦虑心理。面对纷繁复杂的社会、日趋严峻的就业形势、日益激烈的就业竞争，面对国家需要、个人意向、有限的供职岗位、多样的工作环境等多元因素组合的职业选择，如何做出正确的抉择，是让每一位涉世不深、社会经验缺乏的职业院校学生最为困惑的难题。很多人在多种选择面前无所适从，或职业期望过高，不切实际；或希望尽快落实就业单位，急于求成；或幻想无须付出多大的努力就能得到称心如意的工作，而实际生活中往往事与愿违。因此，在择业过程中，职业院校学生会普遍出现焦虑、烦躁不安，甚至恐惧的心理。

(3) 依赖心理。在就业过程中，一些职业院校学生缺乏主动参与意识和竞争意识，信心和勇气不足，在社会为其提供的就业机会面前顾虑重重，不能主动地参与就业市场的竞争，向用人单位展示自我、推销自我，依靠自身的努力去赢得竞争、赢得用人单位青睐，而是寄希望于学校、家庭或就业主管部门。在择业和就业时，他们对一个工作是否适合自己，往往难以自行做出判断，而是根据父母、师长、同学的意见进行取舍，表现出很强的依赖心理，使自己在就业中处于劣势。

(4) 自傲心理。自傲心理在一些职业院校学生身上表现得最为突出。这些学生受陈旧观念的影响，自认为高人一等，过高地估计自己的知识和能力。在择业过程中，有的学生好高骛远、自命不凡、眼高手低，给用人单位留下浮躁、不踏实的印象，不受用人单位的欢迎；有的学生期望值过高，择业脱离实际，怕吃苦、讲实惠，不愿到基层和艰苦地区等需要人才的地方工作，择业目标与现实之间存在着巨大的反差。

(5) 自卑心理。自卑心理是职业院校学生在就业过程中常见的一种心理现象。有的学生因自己的专业知识、技能以及综合能力不如其他同学，或因求职屡屡受挫，从而产生强烈的自卑感，并进一步转化为自卑心理。带有这种自卑心理的学生在面对用人单位时，常常缺乏信心和勇气，不能充分地展示自己的长处，从而严重影响了择业与就业。有的学生因为学历、成绩、能力、性格等方面的某些缺陷和不足丧失了勇气，悲观失望、抑郁孤僻、不思进取，觉得自己事事不如他人，不敢参与就业市场竞争。

(6) 盲目求高心理。一些职业院校学生只考虑自己的职业理想，要求用人单位在工资、福利、住房、工作环境、地理位置等方面十全十美，却忽视了如此完美的单位是否能够接纳自己。这些学生不考虑自己刚刚走出校门的实际情况，择业时挑肥拣瘦，对自身缺乏一个客观、正确的认识，只是盲目求高，最终与适合自己的工作失之交臂。

(7) 攀比心理。在就业过程中，由于每个人生活的环境、家庭背景以及能力、性格和所碰到的机遇是不相同的，因而在择业目标、职业选择上不具有可比性。但有些职业院校学生喜欢争强好胜、虚荣心较强，在求职择业过程中，往往用自己身边同学的择业标准来确定自己的就业标准，忽视自身特点，对自我缺乏客观正确的分析。这些学生不从自身实际出发，不考虑所选单位是否适合自己，盲目攀比，不屑到基层工作，总想找到一份超过别人的十全十美的工作，致使自己迟迟无法签约。

（8）从众心理。有些职业院校学生容易受社会思潮和社会观念的影响，人云亦云，缺乏个人主见，从众心理较为严重。在就业过程中，他们常常忽视所学专业的特点，过分追求实惠，盲目流向经济发达地区和中心城市就业，一味追求所谓的热门单位、热门职业，没有从职业发展、个人前途、国家需要去考虑，求安稳，缺乏积极进取精神。

综上所述，这些不成熟的就业心理往往会阻碍职业院校学生去选择和发现适合自己的职业，从而对自身的择业和就业产生巨大的负面影响，因此，一定要克服这些心理状态，以积极、饱满、热情的就业心理去面对挑战，选择最合适的职业。

第三节　就业材料的准备

就业材料犹如就业的敲门砖。凭借它，职业院校学生可以尽情展示自己的才华和风采，表达自己的愿望与心声；凭借它，用人单位可以了解职业院校学生的能力和水平，寻找他们渴求的千里马。就业材料包括自荐材料、《毕业生推荐表》《就业协议书》等。

一、自荐材料

自荐材料一般包括求职信、个人简历、自传及其他各类求职材料。

1. 求职信

（1）求职信的概念及作用。求职信又称自荐信或自荐书，是求职人向用人单位介绍自己情况以求录用的专用性文书。一般来说，用人单位在招聘之初会通过求职材料对数量众多的求职者有一个大致的了解，在筛选出合适的人选后再确定面谈的相关事宜。由此可见，求职信写得好与坏直接关系到求职者的求职能否成功。

求职信不同于写给朋友的信函，也有别于通常意义的公文函。求职信的收信对象通常不是很明确，当求职者将求职信寄到用人单位后，查阅求职信的可能是人事部门的一般职员，可能是人事经理，也可能是老板。想要自己的求职信能够及时、准确地被查看，最好能在求职信上写明“人事部门负责人收”的字样。

求职信的作用就是为求职者争取一个参加面试的机会。因为用人单位在同求职者面谈前，基本都是通过求职信上的一些信息来了解求职者的，因此，求职者应非常慎重地对待求职信。一封好的求职信能起到毛遂自荐的作用，可以让对方了解自己、相信自己，拉近求职者与用人单位相关负责人之间的距离，从而使自己获得更多的面试机会。

（2）求职信的格式与内容。求职信的格式通常包括称谓、正文、结尾、署名、成文日期、附件等几个部分，不同部分的内容也各有特点。

1）称谓。称谓是对收信者的称呼。当不了解用人单位的具体情况时，可写成“人事处负责同志”“尊敬的领导同志”“尊敬的某某公司领导”等；当了解用人单位的具体情况时，可以写明负责人的职务、职称，如“尊敬的李处长”等。称谓应写在第一行，顶格书写，之后用冒号，然后另起一行，前空两格，写上问候语“您好!”。

2）正文。正文是求职信的主体部分，需另起一行，前空两格。正文的内容比较丰富，一般分为三部分。

第一部分，写明求职的理由。首先应简要介绍求职者的自然情况，如姓名、性别、年龄等；然后直截了当地说明得知相关招聘信息的渠道和写此求职信的目的。例如，“我叫李可欣，现年二十岁，男，是一名测量专业毕业的技校生。我从网上看到贵公司招聘测量工种的消息，万分喜悦。我相信贵公司的领导会慧眼识人，使我有幸成为贵公司的一名员工。”此环节是求职的开始，因此，介绍有关情况时一定要简明扼要、态度明朗，要吸引用人单位有兴趣继续阅读你的求职信。

第二部分，写明求职者对谋求职务的态度，并对自己的能力给予客观公正的评价，这是求职的关键所在。在这一环节，求职者应当着重介绍自己应聘该职位的有利条件，要突出自己的优势，以使用人单位信服，如介绍自己在校时的优异成绩、所任职务、所获奖项以及发表的文章等。这段内容的语言要中肯，态度要谦虚，要给用人单位留下深刻印象，使对方有一种见字如见人的效果。

第三部分，提出自己的希望和要求。例如，“希望您能为我提供一个与您详谈的机会”或“敬候佳音”之类的语言。这段内容属于正文的收尾阶段，要适可而止，千万不要啰唆，更不要苛求对方。

3）结尾。结尾要另起一行，空两格，写一些表示敬祝的话。例如，写“此致”，然后换行顶格写“敬礼”，或祝“事业发达”“工作顺利”等。结尾不必过多寒暄，以免画蛇添足，适得其反。

4）署名和成文日期。求职者的署名应写在求职信的右下方，成文日期写在姓名的下面，要年、月、日齐全。

5）附件。附件作为对求职者鉴定的凭证，是求职信中不可忽视的重要组成部分。一般在结尾处注明，可在信的左下角标注，如“附 1：个人简历”“附 2：成绩表”等。附件的复印件应单独装订在一起随信寄出。

（3）求职信注意事项

1）态度诚恳，措辞得当。用语应委婉而不隐晦，恭敬而不阿谀，自信而不自大。

2）着眼现实，有针对性。动笔之前，最好对用人单位的情况有所了解，以免脱离实际说外行话。

3）实事求是，言之有物。自己的优点要突出，但不可夸大其词，弄虚作假。

4）富有个性，不落俗套。如果能谈一谈对该行业前景的展望、市场分析或能提出建设性意见都会收到一定的效果。

5）言简意赅，结构清晰。废话连篇的自荐信不但浪费读者的时间，还会引起反感。

（4）求职信实例分析。求职信写得好，很容易吸引对方，从而赢得面试机会，下面对某求职信实例进行分析。

【例 4—1】 劳拉·爱德蒙向 IBM 公司销售部莱文先生发了一份求职信，具体内容如下：

尊敬的莱文先生：

您好！

爱迪思女士告诉我贵公司缺一名秘书，我想申请这个职位。我知道您需要一名速写很快，又能处理大量信件的秘书。我毕业于富特黑专科学校，专学速写。毕业后先后在干货零售公司和保险公司做过秘书。我每分钟可以速写 145 个字。目前，我每天要处理 40～60 封信件。不论在富特黑专科学校求学时，还是在现在的工作中，我都在锻炼自己不依靠他人，尽可能地独立处理日常信件。

我现在在西南人寿保险公司干得不错，但因为最近刚拿了学位，想干一份有挑战性的、收入不菲的工作。爱迪思女士对工作的热情，更让我确信我会喜欢这份工作。附件中的简历将有助于您做出决定。

如果您方便，每天下午我都有时间来您公司面谈，愿我有机会与您面谈！

此致

敬礼

真诚的劳拉·爱德蒙

××年××月××日

这封求职信发出之后不久，劳拉·爱德蒙就接到 IBM 公司销售部莱文先生的面试通知。

分析：这则实例体现了求职信的重要性。同时，通过分析，可以发现这封求职信具有以下特点：

第一，求职信真实感人。

首先，求职者态度真诚。劳拉·爱德蒙针对 IBM 公司的招聘需要，真诚地表明了自己的求职意愿，如“我想申请这个职位”“想干一份有挑战性的、收入不菲的工作”，特别是信末的“如果您方便，每天下午我都有时间来您公司面谈”这句话，显得很真诚。

其次，内容真实。劳拉·爱德蒙如实写出了自己想从事速写工作所具备的条件以及选择这份工作的原因。他说自己的专业、专长是速写，而且用具体的事实来说话，如速写速度和每天处理信件的数量、独立处理日常信件的能力以及相关工作经历等。

最后，这封求职信显得真实，还在于劳拉·爱德蒙巧妙地利用了中间人——爱迪思女士。他说：“爱迪思女士对工作的热情，更让我确信我会喜欢这份工作。”这句话是“一箭三雕”：一是表达了对爱迪思女士的感激之意；二是赞美了爱迪思女士对工作的热情；三是间接表达了自己的敬业品德以及对这份工作的真诚热爱。

第二，求职信朴实自然。整封求职信基本上是叙述性的语气，没有议论、抒情之类的炫耀性的语句，甚至连华丽的形容词都没有。全文紧紧围绕 IBM 公司的所需，投其所好，集中讲自己的相关条件和工作经历，以事实说话，以能力说话，朴实自然。

相关链接

求职信（范本一）

尊敬的××公司领导：

您好！

我叫王×，是××省××××职业学校的学生，2010 年 7 月毕业并获得“图文与彩色印刷”专业中级职业资格证书。

两年的职校学习生涯，为我投身社会奠定了良好的基础。我希望能够通过此次招聘，在贵公司得到一份比较理想的工作。我将努力以自己的知识、能力和汗水，为社会作出一份贡献。

我认为自己具有较好的综合素质和较强的工作能力。

第一，在校两年期间认真扎实的学习保证了我坚实的基础知识储备。尽管专业学习与实际工作之间还有一段很长的距离，但我对自己的实际工作能力充满了信心。

第二，我具备较强的专业技能。职业学校的学习，不仅使我在专业知识方面打下了良好的基础，而且通过实训、实习的锻炼，熟练地掌握了专业操作技能，可以在生产岗位上独立动手操作。

第三，在职业学校担任两年本班班长职务的实践，培养和锻炼了我的组织和协调能力，树立了集体责任感和团队精神。这为我适应职业岗位要求提供了很大帮助。

第四，我具备较好的计算机知识和应用能力。在中学期间，我曾获得过市青少年计算机竞赛二等奖，还获得过全国青少年信息学（计算机）奥林匹克初级选手证书。通过在职业学校两年的学习，我已能够熟练地使用办公软件，如Word、Excel等。今年，我还将参加计算机二级考试。

以上学习经历和取得的成绩，使我对对未来的工作岗位满怀信心。希望这些能成为您选择我的参考依据。当然，我还欠缺实际工作经验和历练，各方面也还不够成熟。但我坚信，通过在工作岗位上继续努力，坚持不懈地奋发向上，我一定能够取得更大进步。

尊敬的领导，我十分渴望进入贵公司工作，如果您对我的自荐材料感到满意，希望给予我一次面试的机会。我将为成为贵公司一名员工而骄傲！期盼得到您的答复。

此致

敬礼

自荐人：王×

××年××月××日

求职信（范本二）

尊敬的××先生：

您好！

我叫李××，是××学院会计专业的应届毕业生。在这个非常注重学历文凭的社会大环境中，我自知没有大学本科生的知识渊博，但我勤奋好学，积极上进。经过五年的学习，我已比较系统地掌握了从事会计工作的知识与技能，各门课程均取得了良好的成绩。我和其他许多优秀的职业院校生一样，也具备很多优秀的素质。

我有自知之明，对自己能正确评价和定位。我热爱会计工作，做事细致认真、务实肯干，有敬业精神，动手能力比较强，能胜任财务会计、出纳、收银、计算机操作、公关接待等工作。请给我一个施展才能的天地，我将爱岗敬业。

诚恳地希望您能给我一次面试的机会，不胜感谢！

此致

敬礼

自荐人：李××

××年××月××日

联系电话：×××

通信地址：×××

邮政编码：×××

2. 个人简历

个人简历就是对个人学历、经历、爱好、特长以及其他有关情况所作的简要书面介绍。它一般不单独使用，总是作为求职材料的附件呈送给用人单位。标准的个人简历通常由四部分基本内容组成：个人基本情况、教育背景、工作经历、其他补充内容。

（1）个人基本情况。个人基本情况包括自己的姓名、性别、出生日期、籍贯、政治面貌、学校、专业、学历情况、家庭住址、联系方式以及职业目标等。有些学生学历程度虽然不高，但经过自学或实践锻炼、培训等，实际水平已超过原学历程度，可在求职时实事求是地反映。

（2）教育背景。教育背景主要是自己学习经历的简述。学习经历包括在本校学习之前在其他学校的读书过程或参加培训以及自考的学习过程。在填写此项内容时，本着“远略近详”的原则，一般从初中写起。

（3）工作经历。应按时间顺序列出从参加工作开始一直到现在所有的就业记录，包括单位名称、职务、就任及离任时间等。应届毕业生的工作简历应包括实习、社会实践、假期锻炼等过程，充分反映曾经有过的经历。

（4）其他补充内容。例如，个人爱好、特长等。技能特长应针对用人单位的需求，有所选择地写，如谋求营销员职位，就可以把在校期间参加过的产品推销经历及效果写上。

上述内容的排列要按照一定的顺序，首先是姓名、地址和联系方式，这些基本信息应当写在简历的顶端，使人一目了然，以便用人单位及时与你联系，职业目标应紧随其后，要写得简明扼要；在填写教育背景时，应把最近获得的学历或最高学历写在最前面，一般先写出学校的名称及就读时间，然后写出所获得的学历、学位；工作经历可按时间顺序写，通常放在教育背景后面，当然，如果工作经历有助于成功求职，也可将它放在教育背景之前。

个人简历的内容选取要根据具体情况而定，一些没有必要交代的个人信息应当省略，以免节外生枝。

相关链接

个人简历（范本一）

姓名：×××

性别：女　毕业院校：××市理工大学

出生年月：197×年3月3日

专业：工业企业管理（本科）

通信地址：××省××市××镇××街　邮政邮编：×××

联系电话：×××

电子邮件：some@sina. com

求职意向：文秘。

英语水平：能熟练地进行听、说、读、写，并通过国家英语四级考试。尤其擅长撰写和回复英文商业信函，熟练运用网络查阅相关英文资料并能及时予以翻译。

计算机水平：通过国家计算机等级二级考试，熟悉网络和电子商务。精通办公自动化，熟练操作Windows系统。能独立操作并及时高效地完成日常办公文档的编辑工作。

实习经历总结：200×年7月××化工网站实习。实习期间主要职责是：协助网站编辑在互联网查阅国内以及国外的化工信息；搜集、整理相关的中英文资料；翻译英文资料。

教育背景：

199×年9月—200×年7月　××理工大学

199×年9月—199×年7月　××市第一中学

主修课程：高等数学、运筹学、预测与决策、市场营销、西方经济学、国际贸易、推销与谈判、计算机销售管理、电子商务。

获奖情况：三次校二等奖学金，一次校单项奖学金。

自我评价：做事踏实，自觉服从公司纪律，对公司忠诚，善于与同事相处。

个人简历（范本二）

个人简历

姓名		性别		照片
政治面貌		民族		
出生年月		健康状况		
籍贯		身高		
毕业学校		专业		
通信地址			邮编	
联系电话			电子信箱	
职业目标				
教育背景				
实习经历				
主要课程				
个人兴趣和能力				
所获奖励				

3. 求职登记表

在人才交流中心求职或到用人单位应聘时，往往需要填写求职登记表，其内容包括个人基本情况、爱好与特长、求职意向、个人简历、主要成绩或所获荣誉、家庭及主要社会关系等。

4. 其他各类求职材料

为了进一步证明自己所取得的成绩和各种荣誉，加深用人单位对自己的印象，除了以上几种求职材料外，有时还需要提供其他材料，主要有：

（1）学历证明及成绩单。学历证明主要是指学历证。成绩单可以让用人单位了解求职者所学的课程和已取得的成绩。成绩不太理想不要紧，至少可以让用人单位知道求职者接触过哪些适合他们需要的专业领域，同时也体现了求职者的诚实。如有特殊情况（如因生病等影响学习），可作附加说明。

（2）技能证书。技能证书主要包括计算机、外语等级证书和专业技能等级证书等。这些材料对用人单位极具吸引力，它反映了求职者的实际工作能力。

（3）荣誉证书。荣誉证书主要包括获得“三好生”“优秀学生干部”等荣誉称号的证书及参加社会实践、征文比赛、文艺演出、体育运动会、社团活动等各类活动的获奖证书。

（4）成果证明材料。成果证明材料包括在正式出版物上发表的文章、美术设计作品及各类小制作、小发明、小创作的资料或有一定价值的社会、市场调查报告等。

（5）其他相关专长、爱好的证明材料。其他材料的使用方法要根据求职方式的不同而有所不同。如果面见用人单位的招聘者或者亲自上门推荐自己时，应尽可能带齐能反映自己各方面能力的材料，而且最好带原件，并可在适当的时候，当面呈交这些材料；如果采用寄送材料的方式，则应选择最有代表性的部分材料；如果是应聘，则应根据用人单位的要求，进行有针对性的选择。

为了体现对自己和用人单位负责的态度，还可以给用人单位留下学校主管部门的电话或系、班主任、辅导员的姓名、电话等。

这类材料种类较多，因此必须分门别类进行整理，且装订成册，使人一目了然。

二、《毕业生推荐表》

《毕业生推荐表》是学校向用人单位介绍、推荐本校毕业生的一种书面材料。用人单位鉴于对学校的信任，往往认为该表有较大的可靠性，所以较易得到认可。

《毕业生推荐表》样式见表4—1。

《毕业生推荐表》的内容一般分学生自我填写和学校填写两大部分。其填写项目主要有个人简历、学习成绩、奖惩情况等。

表 4—1　　　　毕业生推荐表

<table>
<tr><td colspan="2">姓名</td><td colspan="2"></td><td>性别</td><td></td><td colspan="2">出生年月</td><td></td><td rowspan="4">照片</td></tr>
<tr><td colspan="2">籍贯</td><td colspan="2"></td><td>职务</td><td></td><td colspan="2">政治面貌</td><td></td></tr>
<tr><td colspan="2">专业</td><td colspan="2"></td><td>学制</td><td></td><td colspan="2">毕业时间</td><td></td></tr>
<tr><td colspan="2">爱好和特长</td><td colspan="7"></td></tr>
<tr><td>身高</td><td></td><td colspan="2">体重</td><td></td><td>健康状况</td><td colspan="4"></td></tr>
<tr><td colspan="2">家庭住址</td><td colspan="6"></td><td>联系电话</td><td></td></tr>
<tr><td rowspan="6">个人主要经历</td><td colspan="3">何年何月至何年何月</td><td colspan="5">工作或学习</td><td>证明人</td></tr>
<tr><td colspan="3"></td><td colspan="5"></td><td></td></tr>
<tr><td colspan="3"></td><td colspan="5"></td><td></td></tr>
<tr><td colspan="3"></td><td colspan="5"></td><td></td></tr>
<tr><td colspan="3"></td><td colspan="5"></td><td></td></tr>
<tr><td colspan="3"></td><td colspan="5"></td><td></td></tr>
<tr><td rowspan="5">家庭主要成员</td><td colspan="2">姓名</td><td>年龄</td><td>关系</td><td colspan="4">工作单位</td><td>职务</td></tr>
<tr><td colspan="2"></td><td></td><td></td><td colspan="4"></td><td></td></tr>
<tr><td colspan="2"></td><td></td><td></td><td colspan="4"></td><td></td></tr>
<tr><td colspan="2"></td><td></td><td></td><td colspan="4"></td><td></td></tr>
<tr><td colspan="2"></td><td></td><td></td><td colspan="4"></td><td></td></tr>
<tr><td rowspan="6">主要学习成绩</td><td>科目</td><td>成绩</td><td colspan="2">科目</td><td>成绩</td><td colspan="2">科目</td><td colspan="2">成绩</td></tr>
<tr><td></td><td></td><td colspan="2"></td><td></td><td colspan="2"></td><td colspan="2"></td></tr>
<tr><td></td><td></td><td colspan="2"></td><td></td><td colspan="2"></td><td colspan="2"></td></tr>
<tr><td></td><td></td><td colspan="2"></td><td></td><td colspan="2"></td><td colspan="2"></td></tr>
<tr><td></td><td></td><td colspan="2"></td><td></td><td colspan="2"></td><td colspan="2"></td></tr>
<tr><td></td><td></td><td colspan="2"></td><td></td><td colspan="2"></td><td colspan="2"></td></tr>
<tr><td colspan="2">受过何种奖励</td><td colspan="8"></td></tr>
<tr><td colspan="2">已考取技能证件</td><td colspan="8"></td></tr>
<tr><td colspan="2">工作使用范围</td><td colspan="8"></td></tr>
</table>

1. 自我填写要求

(1) 实事求是地填写自己的基本情况，尤其是奖惩情况等。如果弄虚作假，则不仅影响毕业生自己的求职形象，而且会损害学校的声誉。如果没有获奖经历，可填写自己参加的一些有代表性的、能反映个人才华的活动（或填在某些表的备注栏中），如主持过哪些大型文艺晚会、参加过哪些社团等。当然，这些活动显示的才华应有利于所聘的岗位，否则风马牛不相及，会给人以画蛇添足之感。

（2）写好表中的“已考取技能证件”和“工作使用范围”。

（3）学习成绩由学校相关管理部门用计算机调出，打印的“学习成绩单”应真实可靠。

总之，在填写《毕业生推荐表》时，同学们应始终明确：我们是在向用人单位展示自己适应某种职业及具备的各种能力和潜质。

2. 学校填写要求

学校应本着对毕业生认真负责的态度，严格履行自己的职责，既为毕业生就业、创业服务，又为社会输送合格的人才服务。

三、《就业协议书》

职业院校应届毕业生与用人单位达成就业意向后，须签订《就业协议书》。毕业生可以到自己所在学校负责就业的职能部门领取《就业协议书》或由学校发给毕业生，每人仅有一份。《就业协议书》除需用人单位盖章外，还需由用人单位上级人事主管部门盖章。《就业协议书》不仅是转递毕业生档案、户口，办理报到落户手续的依据，而且还对毕业生和用人单位具有一定的约束力。因此，毕业生应慎重考虑后再与用人单位签订《就业协议书》。

《就业协议书》样式见表4—2。

为维护毕业生就业工作的严肃性，明确毕业生、用人单位、学校三方在毕业生就业工作中的权利和义务，《就业协议书》一般按下列要求签订。

第一，毕业生应向用人单位如实介绍自己的情况，了解单位的使用意图，表明自己的就业意向，在规定的时间内到用人单位报到，如遇到特殊情况不能按时

表 4—2　　　　　　　　就业协议书

<table>
<tr><td rowspan="5">毕业生情况</td><td>姓名</td><td></td><td>性别</td><td></td><td>民族</td><td></td><td>出生年月</td><td></td></tr>
<tr><td>专业</td><td colspan="3"></td><td>学制</td><td></td><td>培养方式</td><td></td></tr>
<tr><td>政治面貌</td><td></td><td>健康状况</td><td></td><td>有何特长</td><td colspan="3"></td></tr>
<tr><td>家庭住址</td><td colspan="3"></td><td>生源地</td><td colspan="3"></td></tr>
<tr><td colspan="2">在校从事何种社会工作</td><td colspan="2">受过何种奖励或处分</td><td colspan="4"></td></tr>
<tr><td rowspan="3">招聘单位</td><td>名称</td><td colspan="5"></td><td>电话</td><td></td></tr>
<tr><td>地址</td><td colspan="5"></td><td>邮政编码</td><td></td></tr>
<tr><td>招聘意见</td><td colspan="7">年　月　日（签字盖章）</td></tr>
<tr><td colspan="2">主管部门意见</td><td colspan="7">年　月　日（签字盖章）</td></tr>
<tr><td colspan="2">学校意见</td><td colspan="7">年　月　日（签字盖章）</td></tr>
<tr><td colspan="2">应聘人意见</td><td colspan="7">年　月　日（签字盖章）</td></tr>
<tr><td colspan="2">违约责任</td><td colspan="7">立约人签字（盖章）
年　月　日</td></tr>
<tr><td colspan="2">备注</td><td colspan="7"></td></tr>
</table>

报到，需征得用人单位同意。

第二，用人单位要如实介绍本单位情况，明确对毕业生的要求及使用意图，做好接收工作。

第三，学校要如实向用人单位介绍毕业生的情况，做好推荐工作，用人单位同意聘用后，学校负责办理有关就业手续。

第四，毕业生、用人单位、学校三方如有其他约定，应在“备注栏”注明，并视为《就业协议书》的一部分。

第五，《就业协议书》经各方签字、盖章后生效、三方都应严格履行本协议，如有一方提出变更协议，需征得另外两方同意。若违约，由违约方承担违约责任。违约责任由三方商定。

第六，《就业协议书》所涉及的用人单位不包括国家机关及事业单位。

第七，《就业协议书》一式三份，毕业生、招聘单位、学校各执一份。

第四节　就业程序

就业程序一般包括参加应聘、签订协议、报到派遣、转递档案等几个过程。

一、参加应聘

应聘是求职的重要环节，应该认识和把握应聘的技巧。根据用人单位的不同要求，一般要经过笔试、面试等程序。

1. 笔试

用人单位为了考核求职者的文字能力、知识面和综合分析事物的能力，往往要进行笔试。求职过程中的笔试与在校的课程考试是不同的，同学们应了解笔试的种类，掌握笔试的技巧。

（1）笔试的种类

1）专业考试。主要检测求职者对专业知识的掌握程度。

2）命题作文。主要检测求职者的文字表达能力以及分析问题的逻辑思维能力。例如，在规定时间内写一份会议通知、自编一份工作报告、对今天的面试情况写一份小结等。

3）心理测试。主要检测求职者的态度、兴趣、智力、个性等心理素质。

4）综合测试。一般单位往往只进行单一的考试，但也可以把专业考试、命题作文、心理测试等综合起来进行。

（2）笔试的准备

1）要有充分的知识准备。对文化知识、专业知识、社会常识都要有所了解。

2）要在应试前进行复习。一般笔试都有大体范围，可在应试前翻阅相关的图书、教材资料。

3）保持良好的身心状态。应试前要减轻思想负担，保证充足睡眠，并适当参加一些文体活动，从而使高度紧张的大脑得到放松，以充沛的精力去参加考试。

4）带好应试必备用品。应试时除携带必备的资料、证件外，文具也要准备齐全。

（3）笔试的技巧

1）先浏览全卷，再开始答题。通览试卷一遍，了解题目的多少和难易程度，做到心中有数。

2）答题先易后难。这样答题不会因为攻难题费时太多而影响整个考试。

3）答题要有主次之分。例如，简答题只需要答要点，而论述题则要展开论述，充分表达。答题时要在重点题目上下工夫，充分显示出自己的知识水平。

4）做完题要复查。答题结束后，要尽可能对易出错的地方进行复查，特别注意不要漏题。

5）字迹清晰美观。卷面上字迹清晰，字体美观，容易引起阅卷者的好感，书写过于潦草、字迹难以辨认可能会影响考试成绩。

6）认真答题，不轻易放弃。求职考试不同于其他考试，考卷上反映出的认真态度和不屈精神会大大增加被录用的可能性。

2. 面试

面试包含两层含义：一方面是用人单位通过与求职者本人的直接对话，掌握第一手材料；另一方面是用人单位不仅在选择优秀人才，同时也在推销本单位。因此，面试对于用人单位和求职者的双向选择有着重要的意义。

（1）面试的种类

1）主导式。主导式又称提问交谈测试法。面试时，用人单位由两人或多人组成考察组，并事先准备好各种问题，当求职者进入考场后，招聘者便可开始提问。提问的形式灵活多样，可以两者面对面地对话，也可以通过抽签方式来确定问题，甚至招聘者还可能从不同角度重新提问，直到获得足够的信息为止。

2）答辩式。答辩式又称知识测试法。用人单位事先根据工作岗位的具体要求编成试题，现场进行口试或笔试。这种面试的主要目的是考察求职者对该工作岗位知识要求的掌握程度，对提问的反应程度和分析、理解、判断、解决问题的能力。专业性较强的单位常常采用该方式。

3）观察式。观察式又称情景模拟测试法。用人单位根据拟任岗位的需要，设计出与今后工作情景较为相似的特定环境，然后让求职者扮演“角色”。例如，招聘教师，让求职者现场试讲；招聘电工专业人员，让求职者调试仪器、测试数据等。

4）综合式。招聘者可能同时采用几种方式进行面试，从而达到全面考察求职者的目的。

（2）面试前的准备。面对日趋激烈的竞争和用人单位越来越挑剔的眼光，求职者面试前一定要做好充分的准备。

1）面试前的心理准备

①去掉不必要的想法。一些求职者一边回答问题一边想“招聘者对我有什么看法”“我该不该穿这件衣服”“我该不该说那么多话呢”等。其实这些想法都是多余的，不必要的多余牵挂将损害自己的人格与创造力，束缚自己的手脚，削弱自己的自信心。

②不要害怕失败。一些曾经在面试中失败过的求职者因为害怕再次失败，所以在面试中会不自觉地回想起曾经失败的场景和体验，结果越害怕失败，就越会失败。一个人要想得到一份理想的工作，往往需要经过多次面试，千万不能把成功的希望全部寄托在一个公司的一次面试机会上。

③不要害怕单独前往。有的求职者为了减少焦虑、消除紧张，或为了给自己找个“参谋”，在面试时习惯带上一位同学或朋友前往，甚至由家人陪同面试。这种做法会使招聘者认为求职者缺乏自信心、独立性不强，从而产生对求职者的不良印象。

2）面试前的资料准备。面试前必备的资料主要是自荐材料。在准备好自荐材料的同时，还应了解用人单位的相关信息和有关材料，根据掌握的这些信息和材料，结合自身条件，有的放矢地做好准备，面试的成功率就会提高。

3）面试前的问题准备。面试前的问题准备主要是对面试中可能提出的问题如何回答进行的准备。不少求职者在面试前因没有经验而怯场，主要原因就是不知道面试中招聘者会提出什么问题，怎样回答问题，因此难免会产生恐惧感。可见，想要在面试中轻松回答问题，就必须在面试前做好充分的准备。面试中经常被提及的问题主要有以下几类：

①关于性格、工作期望和理想方面的问题

• 你有什么兴趣与爱好？你认为你最大的优点和缺点是哪些？

• 你平时与哪种人相处最融洽？为什么？

• 你认为与什么人最难相处？你会如何去面对他们？

• 你认为你在哪种工作环境中最能发挥你的才能？

• 你有没有制定你的人生目标？是什么？

• 你觉得选择工作的首选因素是什么？

• 几年以后你对工作有什么期望？

• 你对你的事业有什么长远打算？你准备如何实现它？

• 你会如何处理你遇到的困难？

• 你怎么看将要从事的职业？

• 你的期望值是什么？

• 你为人处世的准则是什么？

• 你受了误解会怎么办？

②关于学校生活与学习计划的问题

• 你在学校最喜欢和最不喜欢哪一门功课？为什么？

• 你认为考试成绩能否反映你的实际才能？

• 几年的学校生活中，你最难忘的经历是什么？

- 你从课外活动中学到了什么？
- 平时业余爱好有哪些？上网吗？玩游戏吗？
- 你在专业方面的优势有哪些？
- 你的专业知识涉及哪些方面？
- 三年专业学习有什么突出的成绩？
- 在学校最大的收获是什么？
- 你认为×××工最基本的素质是什么？

③关于申请职位的问题

- 为什么想加入本公司？你对本公司有多少了解？
- 你为什么申请这个职位？你了解这份工作的职责吗？
- 假如你被录用了，你将如何开展工作？
- 你认为你的哪些经历会有助于你想担任的这份工作？
- 你认为在本公司成功发展需要什么样的条件？
- 你还申请了什么职位？若被多家公司录用，你会如何选择？
- 如果毕业后马上上岗，你能独当一面吗？
- 你能否到外地工作或者经常出差？
- 如果工作需要的话，你能否加班？
- 如果从事的是高危行业，你会怎么做？
- 作为女生，你和男生比较有何优势？

④关于工作经验的问题

- 你有哪些工作经验和社会经验？
- 简单描述一下你参加某一次实践活动的情况以及你的职责。
- 你从学校和社会的一些实践活动中学到了什么？
- 在学校和社会的实践活动中，你遇到的最大困难是什么？你是如何解决的？
- 你认为在学校获得的工作经验能否应付新的工作？
- 你认为×××工应该有哪些权利和义务？

⑤关于工作技能及语言能力的问题

• 你的计算机水平如何？会使用哪些应用软件？

• 你的普通话水平如何？有没有取得等级证书？

• 你有没有参加过与这个职位相关的培训？取得过哪些证书？

⑥关于一些假设性的问题

• 如有顾客对你的服务不满意，并要投诉你，你会如何处理？

• 假如由于你的失误而使工作出现问题，但你的上司并不知情，你会怎么处理？

• 如果暂时没有劳动防护品，但要赶工期，你会怎么办？

• 如果因为视力问题落选你会怎么办？

在面试过程中，求职者除了回答用人单位提出的问题外，还可以向用人单位提出问题，但要注意两点：第一，在单位介绍中已经有的内容或招聘者已经介绍过的内容不要提问；第二，回避敏感性问题，如工资、福利等个人要求，不宜多提，因为用人单位通常会向求职者主动介绍这一情况。

4）面试前的服饰准备。在择业过程中，得体的着装、端庄的仪表能体现一个人的审美观，也能反映出一个人的内在素质和修养。求职者同招聘者第一次见面时，其着装、仪表、风度和气质都会给对方留下一个最初的印象。第一印象如何将决定求职者最终能否被录用。

面试是一个严肃、庄重的场合，在服饰方面要朴素大方、庄重整洁，着重突出职业特点。同时，要符合社会大众的审美观，不要穿奇装异服。

（3）自我介绍的技巧

①从容自信，落落大方。求职者在自我介绍时，应从容自信、落落大方，在微笑的同时把寻求理解、友谊的意向传递给招聘者，切忌畏缩、呆板和冷漠。

②语音清晰，语速适中。求职者在自我介绍时，应做到：发音准确、吐字清楚、声音响亮，不能含糊不清、疙疙瘩瘩、低声嘟哝；讲话的速度适中、不快不慢、急缓有度，不可喋喋不休，也不能拖泥带水。

③掌握分寸，突出重点。求职者在自我介绍时，要以自己的能力和学识作为

重点，把自己的优势充分表达出来。

④注意反应，适当调整。招聘者会对求职者的自我介绍作出反应，有时可能直接提问或插话，因此，求职者在介绍自己的时候要密切关注招聘者的体态语言和问题，绝不能只顾着自我介绍，全然不顾对方的表情和反应。

3. 应聘中的注意事项

（1）应该提前到达。迟到是应聘的大忌，没有人会喜欢一个没有时间观念的人，它不仅会使招聘者对求职者的可靠性产生怀疑，而且也会给对方留下不好的印象。此外，迟到还会使求职者产生一种内疚心理，无形之中把自己放到被动、尴尬的位置。因此，求职者面试要提前到达，至少要准时到达。

（2）不谈无关的话题。面试时要注意回答招聘者的提问，且不可言语离题，让招聘者莫名其妙。尤其是不可对毕业学校或曾工作过的单位评头论足，持过多的否定意见，这样会使招聘者心有疑虑，认为求职者对自己曾学习、工作过的学校和单位毫无一点留恋之意，反而有许多怨言，估计进入本单位后也很难处理好人际关系。这对求职者的应聘非常不利。

（3）保持良好的精神状态。精力充沛的求职者会显得自信和充满生机，使面试气氛活跃而融洽，从而留下良好的第一印象。

（4）记住对方的名字。心理学家研究发现，每个人对自己的名字都会感到非常亲切和重要。如果求职者初次见面就能叫出招聘者的尊姓大名（一般不用直呼其名，应该带上他的职务或职称，以示尊重），彼此间就会产生一种亲切感和熟悉感。所以在应聘前最好能事先了解一些招聘者的姓名及基本情况，并适当地在交谈中把情况表达出来。

（5）其他细节。求职者在应聘时的一举一动都会引起招聘者的关注，稍不留意，就会影响面试效果。通常需要注意以下四方面细节：

1）应聘前不要抽烟、喝酒、嚼口香糖，否则会给人一种漫不经心，不严肃的印象。

2）不开玩笑，不讲脏话，不说招聘者难懂的方言、行话。

3）应聘时绝对不能做小动作，如挠脑袋、啃手指、挖耳朵或频频改变坐姿等。

4）应聘时要面带微笑，学会尊重他人，因为赞美他人也是求职成功的重要因素。

4. 应聘后的注意事项

（1）积极联系，有礼有节。应聘结束后要与用人单位保持联系，通常可以采取下列方式：

1）在一周内给用人单位具体负责招聘的人员写一封短信，谈谈自己的一些想法和感受。

相关链接

应聘后信函实例

尊敬的××先生：

您好！

非常感谢您给了我这次面试的机会。您热情、严谨、公正的工作态度不仅给我，也给所有参加面试的人留下了深刻的印象。在面试时，您对我的学历、专长已作了一定的了解。通过您的答复，我觉得我所学的专业与您所需要的人才是吻合的。我毕业实习就是从事这项工作的专题研究，我相信自己能胜任这份工作。贵单位的美好形象已铭刻在我的心中，如能成为其中的一员，我将非常自豪！我热情期待着您的召唤。

此致

敬礼

面试者：×××

××年××月××日

2）可以给招聘者打电话表示出你的兴趣和热情，还可从他的语气中听出是否有录用的可能。

（2）总结经验，两手准备。用人单位对求职者考察的结果只有两种：要么录用，要么淘汰。在应聘后一周内，求职者通常能收到用人单位的通知，明确告知是否被录用。在此期间一般不要外出，以免联系不上。如果未被录用也不必气馁，更不要怨天尤人，应当认真总结经验，准备迎接新一轮的挑战。

二、签订协议

《就业协议书》是毕业生确定工作单位，用人单位接收毕业生的依据。

《就业协议书》中约定了双方的权利与责任。双方如果有其他约定，要在“备注栏”中注明。《就业协议书》由各方签字、盖章后生效，若其中一方提出变更协议，须征得另一方同意违约，并由违约方承担违约责任。

当毕业生与用人单位经过洽谈，形成互相接纳的意向时，就要通过签订《就业协议书》把这种关系确定下来，这就是签约。

根据《劳动法》的相关规定，要建立法定的劳动关系，应当签订《劳动合同》。因此，毕业生在报到后，都要履行与用人单位签订《劳动合同》的手续。与《就业协议书》相比，《劳动合同》进一步明确了劳资双方的关系、权利和义务，并受法律保护。

三、报到派遣

毕业生离校时，要到院校主管就业的部门领取《报到证》，有户口转移的还要领取《户口迁移证》。《报到证》将作为毕业生就业的依据。因此，毕业生对《报到证》要妥善保管，不管是什么原因，凡自行涂改、撕毁的《报到证》一律作废。如果《报到证》遗失，应由毕业生本人提出申请，然后由院校上报省级主管毕业生调配的部门后予以补发。

毕业生领取《报到证》和《户口迁移证》后，要在规定的期限内到用人单位报到，并办理户口迁移等手续。

根据教育部有关规定，对自领取《报到证》之日起，无正当理由超过3个月不去用人单位报到，或报到后拒不服从安排被用人单位将其户口、档案退回院校的毕业生，由院校将其户口、档案转向生源地，按社会待业人员处理。院校不再负责其后续的事宜。

《报到证》样例如图4—1所示。

陕西省×××学校毕业生就业

报到证存根

（　　）陕技毕就字第　　　　号

＿＿＿＿＿＿：

现介绍

技工学校　　　　工种（专业）、职业资格　　级毕业生　　　到你单位工作，请按规定办理有关手续。

（限　　月　　日前报到；档案　　　）

备注：

年　　月　　日

陕西省×××学校毕业生就业

报　到　证

（　　）陕技毕就字第　　　　号

＿＿＿＿＿＿：

现介绍毕业生＿＿＿＿＿＿到你单位工作，请按规定办理有关手续。

（限　　月　　日前报到；档案　　　）

年　　月　　日

姓　名	性别	毕业学校	工种（专业）	修业（年限）	资格等级

图4—1　《报到证》样例

四、转递档案

毕业生毕业时，其本人档案和户口一般会面临3种情况：一是用人单位可以办理毕业生档案和户口的迁移手续；二是毕业生虽然就业，但用人单位不负责办理毕业生的档案和户口的相关事项；三是毕业生暂时没有落实就业单位。

根据相关规定，毕业生档案和户口在毕业时有如下处理方式：

对于第一种情况，毕业生持《报到证》到用人单位报到，用人单位凭《报到证》予以办理档案接收手续和户口关系。

对于第二种和第三种情况，有两种处理方式：一是通过政府相关机构进行档案托管和户口落户；二是对于没有办理户口和档案托管或代理的毕业生，学校会将其档案材料、户口关系转至生源家庭所在地。

第五章　求职技巧

虽然说条条大路通罗马，但绝大多数人还是不想走弯路，都希望能够找到一条通往成功的捷径。那么自我“推销”主要有哪些技巧？在试用期间，如何争取择业成功？本章将从自我“推销”、应聘和应试、实习和试用、职业礼仪4个方面讲授求职的基本技巧。通过完整的自我分析，权衡利弊，就能够找到适合自己，又符合社会需求的工作，找到最适合自己的罗马大道。

第一节　自我“推销”技巧

在社会竞争日趋激烈的今天，每个工作机会都有许多人在争取。要从众多竞争者中脱颖而出，必须具备相当的实力。然而，本身虽然具有实力，但如果不懂得自我推销，也无法获得考官的青睐。

一、自我“推销”前的准备

1. 做好“推销”前的人际铺垫

自我“推销”的过程也是人际交往的过程，自我“推销”必须顺应人际交往过程的规律。从理论上讲，人与人之间的和谐关系就是通过人际交往来完成的，如果还没有进行人际交往活动就急急忙忙地展开“推销”，就显得有点唐突。因此，职业院校学生在进行自我“推销”时，有必要做一些人际铺垫。

推销前要表现出良好的接纳姿态。这是指在交往前和交往中一些能表达出友好态度的表情、动作、姿势与眼神。在人际交往与自我“推销”的过程中，微笑就是常用的一种接纳姿态。如果想接近某用人单位的代表，就应微笑着走过去与他们攀谈。当然，如果对方想接纳毕业生，他们也必然会对毕业生的主动行为笑脸相迎。有许多职业院校学生在人才市场或其他社交场合总是找不到谈话的人，原因就在于他们表情过于严肃，或过于紧张，甚至在用人单位主动找他们洽谈时，他们还是满脸尴尬和羞怯，面红耳赤，低头牵衣，东瞧西看，一副没有准备好的模样。他们的表情无疑在宣布他们对谁也不接纳，这怎能将自己“推销”出去呢？产生这些问题的原因主要有两点。一是职业院校学生的性格过于内向，平时应多加强说话方面的训练。在人际交往和求职过程中，一席恰到好处的谈话也许就能获得意想不到的成功。二是信心不足。职业院校学生只有扎实地提高专业理论和专业技能，培养自己良好的内在修养（知识、能力、品质等），才能满怀信心地接受用人单位的检阅。因此，在校期间应多加强社交礼仪和专业素质方面的训练。

2. 建立交往中心理相容的通道

在自我“推销”的过程中，为了使用人单位接纳自己，就应使对方与自己在心理上保持一种和谐的相容关系，建立起交往的心理相容通道，这是自我“推销”的心理基础。建立这种相容通道要做到以下几点：一是要有良好的仪容和大方得体的谈吐。这也是最起码的社交礼仪。二是要努力从对方谈起，要多谈对方的优势，少一些“王婆卖瓜”，以赢得对方的好感，达到事半功倍的效果。求职者应尽可能对用人单位有基本的了解，比如用人单位员工的知识结构、产品销售情况、对技术人员的素质要求等，洽谈时做到知己知彼，有话可讲。更重要的是，用人单位因此能感受到求职者的真诚。三是要努力认同对方。实践证明，人们最乐意接受与自己相同的人及其观点，所以，自我“推销”的一个基本战略就是心理相容战略。毕业生在求职时，用人单位经常会提出一些要求。这时候，不仅要虚心倾听，更要乐于接受，以后还要身体力行。

曾经有一家乡镇企业到某职业院校挑选毕业生，由于这家乡镇企业刚刚创办，几乎是白手起家，生产、生活诸方面的条件均不尽如人意，他们十分担心毕业生不愿意到他们那里去。因此，他们在与毕业生洽谈时，实事求是地向毕业生陈述了一个事实，同时提出一个要求。一个事实是：企业尚处在筹备阶段，确实需要一批职业院校毕业生加盟。一个要求是：毕业生到了企业若要有所作为，就要有艰苦奋斗的思想准备，要具备吃苦耐劳的敬业精神。这样的要求在当时确实吓退了一部分毕业生，但也得到了一些毕业生的认同，这些毕业生顺利地得到了录用。后来，这些毕业生在那家乡镇企业找到了真正的用武之地。

二、自我“推销”的语言技巧

1. 突出重点

在自我“推销”的时候，都必须进行自我介绍。不可否认，经别人介绍或请用人单位看档案也可使用人单位了解自己，但要想把立体的“我”展现出来，进行自我介绍则更直观、更生动、更形象。自我介绍重点突出，给用人单位留下深刻的印象，被录用的可能性就大；反之，则有可能因第一印象欠佳而与机会失之交臂。在进行自我介绍时，首先，要自信大方。因为自己最了解自己的长处和短处，也只有自己才能最恰如其分地把自己介绍给用人单位，以引起对方的兴趣，使用人单位也有了解毕业生的愿望。其次，要重点突出，简繁得当。一般来说，求职时的自我介绍，姓名、身份及目的和要求可以简单一点，而学历、经历、性格、专长、能力、兴趣应该详细一点，目的是使对方产生信任感。最后，要把握分寸，留有余地。在求职过程中，要掌握好“推销”自己的分寸。知人易，知己难，在自我介绍的时候，绝不能大吹大擂，更不宜用极端的词汇来夸耀自己的成绩，而应实事求是，让人听了信服。

有的学生是这样进行自我介绍的：“我是××学校学生会副主席，叫王××，我是二年前通过竞选担任这一职务的。两年来，我把全部精力放在学生会工作上，所以专业成绩虽然不理想，但也过得去……”这样的介绍显然主次不分，目的不明，信心不足。也有的同学在介绍了自己的身份和专业特长之后进行这样一番表白：“我是在充分分析了自己的长处与不足之后，才满怀信心地站在你们面前，我想问的不是贵单位待遇如何，工资多少，只是想问我能为单位做点什么。我诚心渴望成为贵单位的一员，为贵单位的腾飞、发展贡献自己的力量。”这样的表白往往能打动人心。

因此，应聘时的自我介绍，应在实事求是的基础上，加上自信心与真诚的愿望，给用人单位留下良好的印象。青年学生涉世不深，承受挫折的心理准备不足，这可能是一部分青年学生不敢自我介绍的原因。其实，在双向选择、社会开放的今天，倘若还在等待命运的“恩赐”，无论在观念和行为上都已经跟不上这个时代了。自我推荐不成功，被拒绝，这在人才市场上是十分正常的事情。这里不行再到那里，“此地不留人，自有留人处”，能认识到这一点，就会坦然地面对失败。

【例 5—1】某职业院校毕业生自我介绍

各位尊敬的考官，早上好。今天能在这里参加面试，有机会向各位考官请教和学习，我感到十分高兴，同时通过这次面试也可以把我自己展现给大家，希望你们能记住我，下面介绍一下我的基本情况。我是李××，来自××学校，焊工专业。我平时喜欢看书和上网浏览信息。我的性格比较开朗，随和；和亲人、朋友能够和睦相处，并且对生活充满了信心。我假期在一家工厂实习过，所以有一定的实践经验。在外地求学的 3 年中，我养成了坚强的性格，这种性格使我克服了学习和生活中的一些困难，积极进取。相信我能胜任贵公司的工作，为贵公司的发展尽一份力量。请贵公司考虑我的情况，给我一次机会。

分析：求职过程中的自我介绍要尽可能把握重点，突出个人的优势和长处，最好能围绕专业特长如实地介绍，力戒空洞无物。

2. 客观叙述

客观叙述，是指在用人单位面前对自己成绩、能力的叙述应是客观的，而不应添加任何主观色彩的语言。否则，就会有炫耀之嫌。例如，一位毕业生对用人单位主考官说：“一年级，我曾获得三好学生称号；二年级，我曾获得校三好学生标兵称号；三年级，我还获得了市三好学生的荣誉称号。这些都是老师和同学们对我的鼓励和鞭策。”这样的叙述就是比较客观的。如果这样说：“我获得校三好学生，是十里挑一；获得校三好学生标兵，是百里挑一；获得市三好学生，就是千里挑一。”这种自我欣赏式的推销是注定要失败的。而另一种自我炫耀式的推销则更是不着边际了。譬如：“我姓孔，是孔子的后代”，“你知道美国的比尔·盖茨吗？我所从事的软件开发、软件设计工作虽然不能和他同日而语，但共同为信息产业服务的性质是一样的。”虽然这样可能会给用人单位留下“深刻”的印象，但这是借别人的声望给自己贴金，通俗的讲法便是“拉大旗作虎皮”，令人反感。可以想象，真这样推销自己，效果只能适得其反。

在毕业生求职过程中，用人单位并不是消极被动的，不是毕业生“推销”什么就接纳什么，毕业生怎么“推销”就怎么接纳。常见的情况是，用人单位有用人单位的观点和想法，毕业生有毕业生的观点和想法。一旦这些观点和想法相互矛盾时，毕业生就要运用诚恳说服的方法来实现自我“推销”的目的。例如，一位毕业生由于家在外地，而用人单位不愿解决住宿问题而不想接纳，这位毕业生便运用诚恳劝说的方法，在用人单位面前力陈自己的心愿和诚意，并适度表达自己的能力、特长、个性、专业技能水平等，并表示愿意尽自己的所学为用人单位的发展贡献自己的力量。这位毕业生真诚的自述和耐心的说明，终于赢得了用人单位主考官的信任。

3. 机智灵活

在自我“推销”的过程中，即使是平时活泼开朗的学生，在紧张拘束的氛围中，也难免情绪紧张，举止拘谨。这时，不妨尽可能利用一些幽默的语言改变现场过于严肃的气氛。例如，一位毕业生去约见用人单位的主考官时，由于路上交通堵塞而迟到了5分钟。见到主考官后，这位毕业生首先表达了歉意，然后对主考官说：“在这样严肃的场合来见主考官，我的心情就非常紧张；因路上堵车而迟到，使我的心情更为紧张。”请主考官能谅解。一席机智的话语使主考官对这位毕业生顿生好感，同时也使自我“推销”的过程变得顺畅起来。

有一位市场营销专业的毕业生在一家用人单位接洽时，那里的职员同他交流了感兴趣的话题之后问他：“你在做生意方面的经验如何？”他马上机智地反问：“你是指哪一方面的生意？我只有了解生意的内容之后，才能说出我在这方面有没有经验。”这样一句聪明的反问使他获得这个工作。这位毕业生的反问并不是一句令人发笑的话，但很灵活。通过这种反问，他表现出富有一定工作经验的自我形象，并成功地“推销”出这种形象。

当然，机智灵活、幽默风趣的话语不能过多过滥，只能根据需要见机行事，偶尔为之。否则，可能会事与愿违。

三、自我“推销”的主要途径

1. 登门自荐

通过登门拜访，向单位主管或人事部门表达自己的求职意向，是常用的自我“推销”方法。这种方法，更能体现一个人的主观能动性和奋斗精神，容易得到用人单位的赞赏和录用。在进门之前，一定要研究判断这家单位的性质、自己可能在这里得到的职位要求等，做到心中有数。

登门自荐，一要把握好正确的语言表达方式、良好的行为举止、得体的社交礼仪，二要把握用人单位最需要用人的时机，三要把握好自荐的每一个具体步骤的执行时机。

2. 利用人才市场

到人才市场去进行自我“推销”，是职业院校毕业生走向社会进行求职的主要途径。现在，各地开办的人才市场从功能到机制都日趋完善，供需渠道日益畅通。去人才市场“推销”自己，青年学生在拥有自信的同时，更多地要在用人单位主考官面前创造机会，展示自己的个性和特长。这样，才有可能在众多竞争者中脱颖而出。

3. 网络求职

网络求职指利用互联网收集招聘信息，发布求职信息，通过网络进行面试，在达成大致意向后，再面谈签约。此种求职方式日益成求职者的主要求职方式之一。其优点是节约成本、信息量大、速度快，不足之处是真伪难辨，有时延误时机。

网络求职方便快捷。发布求职信息一般有两种形式：一种是在网上发布求职信息，等用人单位主动联系；另一种就是根据网上发布的招聘信息，主动发电子邮件和用人单位联系。

在发布相关信息时，必须掌握相关技巧。例如：求职方向是“网页制作”一职，最好写成“网页（主页、网站）制作”，这样被检索到的概率就会更大一些；

还有，个人资料一定要注意详细填写工作经历和教育经历。

职业院校学生应该从以下几方面提高网络求职的本领：

（1）多渠道收集求职信息。

（2）提高信息筛选能力。

（3）提高信息甄别能力。

（4）及时准确投送简历。

相关链接

常用求职相关网站如下：

中国人力资源市场网（http://www.chrm.gov.cn）

中国高职高专教育网（http://www.tech.net.cn）

专业招聘类网站，如智联招聘网（http://www.zhaopin.com）

第二节　应聘、应试技巧

应聘、应试的技巧，主要是面试要会说，笔试要会写。然而，会说会写包含的内容十分丰富。既有专业理论的表述，还有对各类问题的真知灼见，又有社交礼仪的展示。应聘、应试主要有面谈和面试两种形式。

【例 5—2】赵洁走出校门才短短几个月，但她参加面试的单位不下 50 家了。

大学主修文秘专业的她受聘于某商城集团公司。说起最后的面试，她仍记忆犹新。面试时，考官让她抽一道题，限时 3 分钟答完。她抽到的题目是“请简要介绍一下苏州”。她从未去过苏州，对这个城市又没有了解，因此心里很紧张。她断断续续地拼接了脑中所知的对苏州的基本知识后，实在讲不下去了，想想反正没什么希望，干脆豁出去了。于是，她向面前的 6 名考官要求：能否改换说杭州，没想到居然得到了许可。3 年的读书生涯加上 1 年的工作时间，她对杭州自然了如指掌，人文地理说了个遍。

而事后有一名考官这样评价赵洁：语言组织能力不错，应变能力强。如果当时没有作出这样的应变，就不会得到现在这份工作。

分析：在面试中，不能急于求成，当答题内容不能令人满意时，千万不可自暴自弃，此时应当尽快找到与面试官和谐沟通的方式。

一、面谈、面试的联系和区别

面谈是用人单位和求职者之间为加强相互了解而安排的谈话。面谈一般有 3 种情况：一是供需双方通过招聘广告、人才交流会、供需见面会或由熟人引荐而进行的面谈；二是用人单位来学校要人时与学生进行的面谈；三是学生主动找用人单位而进行的面谈。

面试是由用人单位安排的对求职者的当面考核。它与面谈相比更具综合性，不仅可以考核求职者的知识水平，而且可以面对面地观察求职者的仪态、气质、口才、应变能力和某些特殊技能等。

现在，面谈与面试已成为用人单位选择录用人才的普遍方法。面谈与面试的联系是：两者都是用人单位选聘录用人才的重要方法和必不可少的步骤，都是供需双方相互加深了解的必要途径。

然而，两者又有很多不同之处，需要广大毕业生细细体会，在求职的具体实践中区别对待。第一，面谈一般是求职者与用人单位部门负责人的对话，而面试则是用人单位组织的“考官组”对求职者的考核；第二，面谈是双方平等的对话，气氛比较随和，话题也相对广泛一些，而面试则是“考官组”对求职者的提问和考核，对求职者的能力和素质要求也更高一些；第三，面谈的时间是由双方商定的，或求职者找上门临时决定的，面试则是由用人单位一方决定之后通知求职者的，如求职者因故不能参加，则视为自动放弃；第四，面谈没有明确的时间规定，或长或短，谈完为止，而面试则在规定时间内进行，时间一到，面试即告结束；第五，面谈一般由人事部门的干部或主管领导出面与求职者对话，双方不一定有明确的目标，而面试则一般是用人单位对经过筛选后确定的候选人进行考核，“考官组”也是事先周密安排的，有人事干部、专家学者、单位领导等，考试的程序、方式、内容都是预先确定的，可见其重视程度远比面谈高得多。在求职过程中，职业院校学生一定要清楚自己是去参加面谈还是参加面试。如果是面试，准备工作就必须更加充分。

二、面谈、面试准备

择业过程中的面谈、面试是相当关键的一步，面谈、面试既是应试者的第一个表现机会，也是用人单位对毕业生的第一次评估，是双方能否一拍即合的最佳机会。因此，对面谈、面试要予以足够的重视，做好充分的准备。

1. 准备要告诉对方的内容

一般来说，准备要告诉对方的内容包括以下两个方面：一是个人简历，个人简历可以简单叙述；二是能胜任的岗位。

【例 5—3】某职业院校一位家电专业的毕业生在毕业求职时，为了博取一家大型商场家电部经理的好感，把自己的实际能力叙述成能够胜任所有家用电器的维修、保养。这一陈述其实超出这位毕业生的实际水平，他的强项主要是修理彩电和收录机。在实习、试用期间，该商场提供修理的却是冰箱、录像机、DVD等，由此，他的动手能力考核没有及格。该商场家电部经理认为，动手能力可以慢慢培养，而这位学生在自己能力水平的叙述上夸大其词，是不能原谅的。

分析：要根据自己的能力水平，实事求是地陈述，绝不能夸大其词，好高骛远。

2. 准备回答对方的提问

在面谈应试过程中，为了全面考察求职者，用人单位常常会提出许多问题。求职者必须充分准备，做到有问必答，临场不乱。

初次面谈应试，用人单位提出的问题主要有：“你是自愿到我们这里来谋职的吗?”“工作后，你打算作出什么样的成绩?”“你喜欢什么样的管理者?”“你哪一门功课学得最好?”“你愿不愿意在单位长期干下去?”“我们单位工资低，福利待遇差，你知道吗?”“你学的专业与我们单位的工作有何关系?”等等。职业院校毕业生在回答用人单位的这些问题时，最好不要在工资、福利、住房、待遇问题上提过多要求。如果在这些问题上过多计较，就会引起用人单位的反感。例如，一家独资企业人事部经理去某一重点职业院校招收毕业生，在与毕业生接触时，有一位毕业生直言不讳地提了这样的要求：到外资企业工作，月薪必须千元以上。尽管这位毕业生的其他方面均符合用人单位的要求，该独资企业也能满足这位毕业生的愿望，但这位人事部经理还是毫不犹豫地把这位毕业生的名字勾掉了。他说：“学生尚未毕业，事业尚未开始，不是考虑如何搞好工作，如何艰苦创业，却首先追求较多的工资、优厚的待遇，这样的毕业生不论是现在还是将来，我们都用不起。”

3. 准备自己要提的问题

为了加强对用人单位的了解，以便正确地作出决策，在面谈应试过程中，可以选择适当的机会向用人单位提出一些想了解的问题。这些想法在面谈应试前应做好准备。比如：“请问到贵单位工作应具备哪些条件?”“请您谈谈贵单位的经营现状和未来发展计划?”“请您谈谈贵单位鼓励员工上进成才的措施有哪些?”“贵单位对员工素质有什么要求?”“干好这项工作需要学习和掌握哪些方面的知识和技能?”等等。提问的时候，一方面可以多提一些与单位发展前景有关或对所从事工作感兴趣的问题，以增加对方的好感。同时，注意不要离题太远。有一位毕业生在与用人单位面谈过程中，竟把话题转到中国加入世贸组织方面，而且还侃侃而谈，这位同学可能读了这一方面的书籍，也有自己的思考，但这与招聘无关。作为求职的一方，应把话题控制在对方感兴趣的方面。另一方面，也可以提一些关系到切身利益的问题，但一定要谨慎、适度，一般以征求对方意见的形式委婉提出，如“我可以提一个问题吗?”“我想请问一个问题可以吗?”要给对方以务实而不是斤斤计较个人得失的感觉。如前面提到的那位毕业生，一开始就在福利待遇上较劲，实在是有点得不偿失。

4. 充分了解用人单位的情况

面谈、面试前，要充分了解用人单位的情况，如单位性质（国有、集体、个体、私营、外资）、自然状况、发展前景、业务范围、改革现状、生产规模、员工队伍结构及现状、专业技术人员的结构与职称等情况，工资、福利、待遇情况，以及需要什么样的专业人员，进人条件、使用意图等。了解情况的目的，一是要掌握用人单位有无发展前景，本人在该单位有无发展的可能，该单位能否满足自己的最低要求，本人能否胜任工作岗位，从而权衡自己去该单位的利弊，以决定自己的取舍，做到在面谈、面试时心中有底。二是在与用人单位面谈过程中要尽可能说“内行话”，使用人单位感到求职者是一位对该单位有兴趣、有诚意、有责任感并且认真踏实的人，从而在无形之中加快用人单位对自己的了解。如有可能，还可以以积极谦逊的态度讲述自己来单位工作的打算和设想，这样往往会赢得用人单位的好感，但要准备充分，掌握分寸，切忌信口开河，夸夸其谈，最终弄巧成拙。

三、面谈、面试礼仪

恰当得体的面谈、面试礼仪会给用人单位留下深刻的印象，并能促成求职者求职成功。因而对求职者来说，面谈、面试礼仪十分重要。在面谈、面试时，应注意如下几点：

1. 穿戴大方，整洁朴素

参加面谈、面试的同学要重视自己的“造型”和“包装”，穿着打扮要得体，因为第一印象很重要。

（1）男性面试着装技巧。对男性来说，较好的面试服装是用深色西装搭配白衬衫、黑色袜子、黑色系带浅口皮鞋以及同色系的领带。

1）西装。最容易被接受的男性西装的颜色是深蓝色、灰色，穿着应合身。

2）衬衫。面试时穿白色或淡蓝色衬衫通常不会出错，单一色的白衬衫传递着某种品格——诚实、聪明、稳重。

3）领带。最好选择真丝领带。

4）鞋袜。穿深蓝色或灰色西装时，只能穿黑色皮鞋，不要配棕色或其他颜色的鞋。穿深色西装时一定搭配同色系列的袜子，切记一定不能穿白色袜子。

5）发型。注意头发的修整，不能蓬松散乱。如果稍嫌过长，应修剪一下。尽量避免在面试前一天才理发，最好提前几天理发。寸头适合面部饱满的男性；前额较宽的人应该梳“三七开”的分头，以便更多的头发能够遮住前额；脸不长的男性可选择“四六开”或中分发型；另外，还要特别注意修饰鬓角、胡子。男性就职时忌把头发染成怪异、夸张的颜色，也不要留长发或剃光头。

（2）女性面试着装技巧

1）套裙装。调查显示，95％的女性在面试成功时都是穿裙子的，略带中庸的及膝裙能让女性显得职业、知性，既不失现代淑女的风范，又自然地保留了流行的味道，是面试装扮的好选择。

2）化妆。可用薄而透明的粉底营造健康的肤色，用浅色口红增加自然美感，用棕色眉笔调整眉形，用睫毛膏让眼睛更加有神。因此，不论眼影、腮红还是唇膏，在颜色的选择上应以清新的粉色系，或是中庸的棕色系、蓝灰色系、豆沙色系为主，同时，搭配整齐干净的睫毛、整齐的眉形，一定能够充满自信地迎接面试。化妆切忌浓妆艳抹，过于妖娆、夸张，不符合学生的形象与身份。

3）发型。发型是服装最好的陪衬。不管是长发还是短发，只要洗得干净、梳得整齐，都会为应聘者增添青春的活力。

4）鞋。没有带子的高跟船形鞋是面试最稳妥的选择。避免穿过高的高跟鞋，不然走起路来不舒适，会显得不自信，应该选择与套装及配饰相配的鞋，以中跟或低跟皮鞋为佳。鞋的颜色必须和服装的颜色相配，鞋的颜色如果比服装的颜色浅，那么就必须和其他配饰的色彩有所呼应。

5）袜子。肉色袜子是女性搭配服装最合适的单品。为保险起见，面试前应在包里放一双备用丝袜。万一丝袜被刮脱丝时能够及时更换。

(3) 搭配饰物。少而精是搭配饰物的根本原则，切忌滥用饰物。

1) 眼镜。如果戴眼镜，则眼镜的颜色和形状应该给人稳重、协调的感觉，最好别戴残旧的眼镜，也不要戴有色的镜片。

2) 首饰。面试时如果要佩戴珠宝首饰，则越少越好，女生带一对耳环和一枚戒指已经足够了。耳环不要选择那种烦琐、叮当作响的夸张款式，小巧的耳钉或者典雅的珍珠耳环更容易令人接受。不论男女均不要戴手镯。同时，面试时切忌戴太贵重的、款式过大的戒指，而且不要同时戴多个戒指。此外，身体的其他部位最好不要佩戴珠宝首饰。指甲要保持干净并可涂透明色的指甲油。

总之，要通过穿着打扮表现出积极进取、踏实肯干、健康活泼的精神面貌。如果有的学生对自己的服饰打扮没有把握，不妨事先请一位亲朋好友或长辈帮助，请他们用“世俗”的眼光检查自己的服装和仪容，这样可避免出现疏忽。如有一家研究所到一所职业院校招聘一名文案秘书，遇到一位女生。这位女生各方面的条件均不错，但她的穿着过分了一点：一头新潮碎发，无袖衣，超短裙，高跟鞋。这身装束出现在严肃、庄重的招聘秘书的洽谈会上，显然极不协调。

2. 遵守时间，准时赴约

参加面谈、面试一般要提前到达指定地点，以表示诚意和对用人单位的尊重。无论在什么情况下，都不要迟到。当然，也不要早于半个小时到达应聘地点，这会使人感到求职者过分焦急，接待人员或主考官也会因此感到不自在。如果约定的时间已过才匆匆前往，就显得缺乏诚意，有失礼貌。提前到场可以稳定情绪，稍作准备，不因情绪紧张而影响面谈效果和面试成绩。如果因为求职者的迟到而使用人单位取消了面谈或面试，就会失去一次求职的机会，那就太可惜了。假如因突发事件或其他客观原因而迟到，就要如实向用人单位说明并表示歉意，以求得对方的谅解。

一般来说，面谈、面试应单独前往，使用人单位觉得求职者充满自信，有胆量，有魄力。切忌与同学、朋友或家人结伴而行，这种做法会使用人单位认为求职者缺乏“独立性”。

3. 表现自然，动作得体

面谈、面试时表情要自然，动作要得体，如进门时先要敲门，要使用文明礼貌用语，主动打招呼，尽量与用人单位主考官之间保持一种和谐的气氛，从而消除紧张感，使谈话自然、不拘谨。在用人单位主考官未坐下或未让座时，不要急于坐下；让座时，要先说“谢谢”，然后再坐下。握手可以交流感情，但不能因此丢分。用人单位主考官主动伸手时，与用人单位主考官握手的时间不宜太长，用力不应过大，与女性握手则宜握到手指中部的位置。需要说明的是：女性求职者应首先伸手，这可显示其开放和友好；男性求职者主动伸手，则显得有些热情过头。坐下后要保持良好的姿态，不要跷二郎腿，不要用脚不停地敲击地板，也不要低头玩指甲、抠鼻孔。另外，坐的位置不要离用人单位主考官太远、太近或太高。不要掏烟敬烟，更不能拿出烟来自己“吞云吐雾”。

4. 讲究礼貌，尊重对方

讲究礼节礼貌，既反映出一个人的良好道德修养，也是对别人的尊重。见到用人单位主考官后，要主动打招呼，作自我介绍，并说明来意。如果约用人单位面谈，应说“对不起，打扰你”，以表示歉意；如果是用人单位组织面谈、面试，则说“谢谢你给了我这样一个机会”。递材料时，应轻轻拿起，微微欠身，双手递上。回答对方提问时，口齿要清楚，声音不要太大或太小，答话要简练、完整，但也不能简单地说“是”或“不”。说话时不要东张西望，左顾右盼，显得漫不经心，眼睛要适时地注视对方，目光不能过高或过低，不能不停地晃动身子或用眼睛瞟主考官桌上的材料。不要打断对方的讲话，如果用人单位代表谈话冗长或多次重复，也不要表现出不耐烦，而应耐心倾听，从而体现出对用人单位的尊重。对于用人单位提出的问题，要一一回答。如不能回答某一问题，应如实告诉对方，“对不起，这件事我不知道”，“请原谅，这个问题我没有考虑过”，“不好意思，这一专业名词不在我学的专业理论范围之内，我不熟悉”，绝不能不懂装懂、含糊其辞或胡讲乱侃。对对方谈话的反应要适度，当对方作介绍时，要认真聆听并适时点头或答话；对对方的幽默要以适度的笑声增添气氛；对方讲到严肃处，应全神贯注，强化气氛。

当用人单位当场表态可以接收时，要向对方表示感谢，并表示今后好好工作，为单位的发展尽心尽力；如果用人单位没有表态接收，可能还有问题未搞清，或要进一步考察和研究，就不要让对方马上表态；如果用人单位表示不能接收，这也是正常现象，要泰然处之，不要失态，更不要当场说气话，相反，要表示理解对方，以显示自己的修养。当然，还有一种情况，通过与用人单位接触，用人单位比较满意，表示愿意接收，但由于某种主观或客观原因，求职者却不想去，那也要实事求是地向对方说明，用真诚换取用人单位的谅解。

四、面谈、面试艺术

1. 克服紧张、羞怯心理

面谈、面试中的紧张、羞怯心理，实际上说明求职者缺乏自信，总担心自己不符合用人单位的要求，担心在众多的竞争者面前自己不能取胜，担心自己主动去求职，对方不感兴趣。如此瞻前顾后，畏首畏尾，是不可能期望获得对方的信任、欣赏乃至聘用的。因此，紧张、羞怯的心理是面谈、面试的大敌。消除面谈、面试时紧张、羞怯的方法有很多，其中最为主要的是增强自信心，在面谈、面试时做到心理泰然，态度自然，相信自己的能力与水平。怎样才能使自己在面谈与面试时充满信心呢?

一是准备充分。针对用人单位可能提出的问题，在面谈、面试之前可以进行模拟训练。模拟训练可分两步走。第一步，在班级里进行，邀请几位同学，由他们模拟用人单位可能提出的问题进行提问。练习得差不多了，再进行第二步，邀请班主任、就业指导老师参加，请他们提问。老师们提的问题涉及面越宽，针对性越强，对毕业生的指导意义就越大。如果在模拟训练过程中出现不妥的情况，同学和老师会进行必要的指点，这样，在面谈、面试实践中就可以少走弯路。

二是排除杂念。临到面谈、面试时，不要考虑成败，不要考虑对手的强弱，不要考虑有什么重要的人物参加，甚至不要去考虑主考人员为什么交头接耳。杂念一旦产生，就会出现紧张、羞怯的情绪。要知道，能被对方录用，起决定作用的还是自我情况与对方标准的吻合程度，千万不要被现场的气氛所左右而丧失信心，草草收场，导致失败。

三是积极乐观。参加面谈、面试的目的当然是为了成功，但也不要把失败看得过于严重。胜败是正常的，一次成功的几率不可能是百分之百，即使失败了也不要紧，还会有其他机会，失败带来的经验可能还会帮助毕业生找到更满意的工作。抱着这种积极乐观的态度，从容不迫地参加面试，成功就不太遥远了。

四是坦率真诚。面谈、面试时，即使很有把握的应试者也会紧张，这是人之常情。其实一般考官本身也曾经历过这个阶段，他们会理解应试者的心情。万一面试时出现紧张情绪而又无法消除，最好的方法就是坦率真诚地向考官承认，那样或许可稍微平静一些，顺利回答考官提出的问题。例如说，“对不起，我相当紧张，请让我调整一下呼吸好吗?”“对不起，我实在太紧张了，请让我擦擦汗。”当直率地提出这些问题时，就等于客观而坦诚地表示紧张，也等于克服了它。因此，重要的是要能够面对“紧张”，而不是绕开“紧张”。

2. 避免以“我”为主

就业指导老师在指导学生求职实践时，常常发现学生在参加面谈、面试过程中，总喜欢以“我”为主，这是学生紧张的缘故，他们总以为把需要用人单位知道的情况一股脑儿讲完就没事了。一个劲儿地谈“我”，“我”的专业、“我”的才能、“我”的抱负、“我”的要求、“我”的观点，唯独把坐在前面的主考人给忘了，其结果可想而知。由此可见，毕业生首先应该具备谦虚谨慎的品格，同时还要掌握面谈、面试过程中的交谈技巧，努力创造一种相互交流的氛围。

首先，在交谈过程中要注意尽量避免使用以“我”为中心的语言，因为这不利于创造良好的谈话气氛。

其次，吐字要清楚。回答问题时，要先思后述，言之有物，诚实谦虚。尽量做到简明扼要，思路清晰，重点突出，不模棱两可、似是而非。

最后，要注意语音、语调、语气和语速。交谈时，语言不畅、语调呆板都会减少说服力和吸引力。语气、声调不当，会使交谈乏味，对方听不下去；说话太快，会使别人无法掌握所说内容的主旨；说话太慢，则使人觉得烦躁，也不符合青年人的特点。因此，正确的语言表达应该是吐字清楚，干脆利落，声调抑扬顿挫，语速快慢得当。要达到这样的水平，必须平时反复练习。

另外，成功的面谈、面试是一个相互应答的过程，自己的每一句话都应该是对方上一句话的继续。求职者要给对方提供发言的余地，不要滔滔不绝，谈一些与求职无关的话。当然，谈话中穿插一些健康、自然的幽默语言，也能给面谈增加轻松愉快的气氛。

3. 掌握交谈技巧

在当今就业市场竞争激烈的情况下，求职者在面谈、面试过程中，应适当地运用话语为自己做宣传，运用交谈技巧帮助自己与用人单位建立起信任、合作的关系。一般来说，面谈、面试中的交谈技巧有这么几种：一是开门见山。求职者直接向用人单位主考官阐明来意、观点、立场，充分地表露自己的思想、特长，直奔主题，不闪烁其词，使用人单位确信求职者具备了应当具备的能力和素质。二是扬长避短。求职交谈过程中，求职者要因时循势，扬长避短，说明自己身上的优点和长处，并不失时机地向主考官展露自己的才华和能力。对自己的短处和不足也不能完全回避，要运用一分为二的观点，分析自己存在的问题和不足。三是创新求异。能否在同类竞争者中脱颖而出，关键看求职者的思维、观点，解决问题的方法是否与众不同。四是临场应变。有时，招聘单位主考官会拿将来的工作虚拟一些问题，求职者就要特别注意自己的应变能力。

面谈、面试的竞争无疑是激烈、紧张、充满挑战性的。“水无常形，话无定格”，不同的求职者面谈、面试的具体情况不同，交谈没有一套固定的模式。作为职业院校毕业生，必须加强语言交谈的模拟训练，为进入人才洽谈招聘市场早作准备。

4. 适时告辞，强化印象

在面谈、面试的过程中，当双方的意愿都表达得差不多的时候，一般由求职者主动告辞。成功的面谈、面试应适当节制，时间长了，对应聘者不利。一般来说，主考官提起这样一些话题就表明应聘者必须告辞了，“我们很感谢你对我们单位及这项工作的关心”，“你的情况我们已经了解，是否录用，要等董事会研究决定”，“今天就这样吧，一有结果，我们会通知你的”，“占用你的假日，多谢了”，求职者对这些暗示要有敏锐反应，自然、主动地告辞。为给面谈、面试打上一个圆满句号，给主考官留下良好而深刻的印象，应聘者必须注意，告辞之前要再次强调对应聘该项工作的热情，并表示与主考官们的交谈受益匪浅，希望今后能有机会再次得到对方的进一步指导。这样，可以强化主考官的印象。

【例 5—4】一段比较成功的招聘面谈的对话

（面谈之前，这位学生的推荐表等材料已由用人单位主考人员审阅过。）

学生：您好！主考老师。

主考：请你先说说来意，好吗？

学生：好的，非常感谢您接待我。我是陕西省××学校的应届毕业生，很高兴来参加贵单位主持召开的招聘面谈会。我叫×××，学的是计算机及其应用专业，非常渴望能到贵单位工作。我愿意用我学到的知识，竭尽全力为贵单位服务。

主考：谢谢你的光临，也谢谢你对我们单位的信任。请问，你来应聘之前，对我们单位熟悉和了解吗？

学生：不是很熟悉，但我看过贵单位情况介绍的资料，可以说是有所了解的。贵单位是我市开发区的新建合资企业，全体员工平均年龄不到 30 岁，有较好的发展前景。

主考：谢谢你对我们的关心。我们单位是高新技术密集型的企业，需要一大批训练有素的职业学校毕业生充实到生产第一线，请问你有这个思想准备吗？

学生：有思想准备。我们老师经常教育我们，到基层去，到生产第一线去，是我们职业学校毕业生的优势，也是我们青年人成长过程的必经之路。在第一线积累的人生体验，更是我们人生不可多得的宝贵财富。

主考：在车间流水线上作业，可能与你学的专业不太一致，你如何看待这个问题？

学生：我们今天所学的专业，是一些基本的专业理论和基本的专业技能，而且是宽口径的，目的就是要能在毕业后适应不同的岗位。

主考：流水线上工作很苦，待遇也不高，你如何看待这个问题？

学生：毕业以后能吃到一些苦，说不定在精神上比旁人能多获取一些财富。至于待遇问题，这或许不是我考虑的主要问题。

主考：你为什么能如此善待“吃苦”？

学生：我在家里干过农活，在学校经常参加公益劳动和勤工助学活动，作为农民的后代，吃苦不会成为我求职的障碍。

主考：我们单位是高新技术企业，职业学校毕业生的学历层次相对较低，你工作起来会有所顾虑吗？

学生：我从新闻媒体上了解到，贵单位是一个尊重人才、尊重知识的现代企业，所有顾虑都是多余的。职业学校毕业生的学历偏低，这是不争的事实，但我们有思想准备，有信心在实践中掌握真才实学，边实践、边学习、边提高。因为贵单位需要的是有能力、有水平的人才，而不是仅有文凭的毕业生。目前，我正在参加计算机专业自学考试，在今后一段时间内，我将边工作、边学习。

主考：回答得好。再问一个问题，在校期间你获得过哪些荣誉？

学生：我的推荐表等材料里记述了我曾经得到过的奖励，我想，所有的荣誉都已经属于过去，重要的是在未来的岗位上如何兢兢业业地工作，为单位作出自己应有的贡献。

主考：毕业之前，对你的母校和老师不想说点什么吗？

学生：我们学校有一句口号，叫：“今天我们以母校为荣，明天母校以我们为荣。”我要用自己的勤奋学习和踏实工作，来回报母校对我的培养。

主考：谢谢你。作为录用你的第一步，你愿意到我们单位实习吗?

学生：非常愿意。谢谢考官给我的鼓励。

分析：从以上的对话中不难看出，这位学生的素质不错，同时也能看出他在求职应聘之前是作了认真准备的。

五、面谈、面试后要注意的几个问题

一般来说，面谈、面试结束后，不能坐在家里静候佳音，也不能垂头丧气、心神不定，这两种态度都不足取。正确的做法是，与用人单位保持联系。一是要在一周之内，给用人单位具体负责招聘的人员写一封短信，在信里要感谢他为你花费的精力和时间，感谢他们提供的信息和机会。信里还应简短地提一下对该单位的兴趣、有关经历和可能为该单位作出的贡献等。二是如在两周内未接到任何回音，可以给主考人打电话，询问是否已经作出决定了。在电话中，可以表示出自己的兴趣和热情，还可以从对方的口气中听出是否有希望得到那份工作。

有这样一个真实事例，一位毕业生参加面试的成绩相当不错，用人单位也非常满意，当时双方口头达成了意向。这位学生以为万事大吉了。过了一个月，仍无音讯。后来到该单位一询问，原来该单位主考官因公考察，恰巧他的副手生急病住院，此事竟耽搁了下来。若不是这位学生主动联系，他的就业问题真的要束之高阁了。

有的时候，面谈、面试看起来很成功，但结果仍会落选，对此不必大惊小怪。面谈、面试时，大多数用人单位都会尽量隐藏他们的真正意图，不会轻易让求职者看出来。万一落选了，如果可能，应该虚心地向他们询问自己有哪些欠缺，以便今后改进。这样可以知道自己为什么落选。一般来说，能够得到这样的信息反馈并不容易，应该好好抓住时机，向他们请教。当然，如果在打电话询问情况时觉察出自己有希望入选，但最后决定尚未做出，就应在过一段时间后再打一次电话问候一番，或托比较熟悉的人了解一下情况。总之，得到一次面谈、面试的机会很不容易，不要轻易放弃希望。如果面谈、面试成功了，也不要得意忘形，要仔细想一想面谈、面试时对方提出的问题，分析一下自己还应做哪些方面的努力和准备，充分利用毕业前的一段时间充实和完善自己。

第三节　实习、试用技巧

现在，用人单位在录用人才时一般都实施试用制度，或在毕业前让学生到单位去实习，或在毕业后让学生到单位试用几个月，通过试用考察，最后决定是否正式录用。因此，毕业生在实习、试用阶段如何争取求职成功就显得格外重要。

先来观察一位职业院校毕业生的实习报到过程：进入房门之前轻轻地敲门，并说："我可以进来吗?"进入房门后，随手把门带上，并向人事部门主管点头示意。走到座位前，应略欠身行礼，同时说出自己的姓名、专业、学历等，并谦虚地说："请多指正。"待对方说"请坐"时，再向他道谢坐下。报到完毕，主动向主管说："谢谢，太麻烦你们了。"然后说："告辞了。"缓缓地走到门口，再向主管点头致谢，然后开门出去。注意要随手把门带上。

应注意到这个例子中的一些细节，求职成功的技巧就在这些并不被人注意的细节里面。一些行为的细节往往能反映一个人的全面素质或在某一方面的专长。注意言谈举止的应聘者往往能给对方留下美好印象。因此，青年学生一踏进用人单位的大门，就必须时刻注意礼节、小节、小事，从各个方面表现求职诚意，积极而有分寸地表现自己。如果随随便便，松松垮垮，也许在日常生活中并无伤大雅，但在接受用人单位的应聘、试用时，就很容易失去工作机会。

一、珍惜试用机会，勤奋工作

青年学生一踏进用人单位的大门，就必须珍惜实习、试用的机会，处处严格要求自己，勤奋工作，从各方面表现出求职诚意。

1. 建立良好的第一印象

在社交礼仪中，有“第一印象效应”之说。毕业生在求职过程中，建立良好的第一印象，表现出求职诚意，往往是成功就业的基础和关键。

第一印象主要指初次见面时，求职者的表情、谈吐、姿态、身材、年龄以及服饰等给用人单位留下的印象。第一印象会像一种光环笼罩在身上，给对方产生微妙而又后效很大的心理反应，影响着以后一系列的行为评价，这就是第一印象效应。人们常说，合适的仪容仪表，得体的言谈举止，是建立良好第一印象的两大重要因素。第一印象在本质上体现为一种优先效应。当不同的信息结合在一起时，人们总是重视前面的信息，而忽视后面的信息，即使同样注意到后面的信息，也会认为后面的信息是“非本质的”“偶然的”“仅参考的”。尤其是当人们接受了前面的信息后，也会按照前面的信息来解释后面的信息；如果前后信息不一致，也会屈从于前面的信息，以形成整体一致的印象。尽管人们都知道第一印象往往是不准确的，都知道不能“以貌取人”，但在现实生活中，又很难避免这种现象。求职过程中，第一印象既可以成为录用的根据，也可以成为不录用的理由。因此，职业院校毕业生在实习、试用期，要精心准备，充分利用第一印象的优先效应来为自己的求职成功服务。

充分表现第一印象的方法很多。例如，李蕾刚刚大学毕业便找到一份行政助理的工作。第一天上班，她身着一身黑色职业套装，加上她一头乌黑亮丽的直发，整个人显得很精神。那天她提前 10 分钟来到办公室，主动把办公室打扫了一下。等同事们陆续到来后，李蕾面带微笑地对同事们说“初来乍到，请多关照。”第一天上班，分配给她的任务不多，她在完成分配任务之后，就翻阅公司的资料，了解公司情况。第一次与同事见面，第一天参加生产劳动等，都可以看出一个人接受教育的程度和修养。如果随随便便，松松垮垮，三心二意，那是不可能被用人单位正式录用的。总之，第一印象效应的重要性需要青年学生认真琢磨，细细品味。

2. 服从分工，接受考验

到一个单位参加实习或者接受试用后，可以向用人单位反映自己的特长和工作愿望。一般来说，用人单位都希望求职者能发挥才能，作出贡献，分配工作时，一般会考虑求职者的特长和愿望。但是，如果单位分配的岗位一时未能如愿，也必须服从安排。用人单位是通过具体工作实践来了解和考察求职者的水平和才能的。因此，在刚开始分配工作时，可能会将求职者安排到极不起眼的不被人重视的岗位。作为有着良好思想素质的职业院校毕业生，应该自觉接受用人单位的考验，服从分工，认真做好本职工作，忠实履行岗位职责，增强事业心和责任感。只有这样，才能增长才干，赢得领导和群众的重视。千万不能在分配岗位时讨价还价，过分强调主观意见、个人利益。

【例 5—5】小张同学从职业院校毕业后，通过一位朋友推荐到一家国有大型企业接受试用。刚开始，她被安排到劳动人事科做内勤工作，小张很开心，工作做得也不错，部门领导也十分满意。厂领导为了进一步考察小张的实际工作能力，在科室工作三个月后，就把她安排到总装车间的一条调试线上工作。刚开始，小张还能顶住，但到了第二个月，她感到十分委屈，认为厂领导不能做到人尽其才，同时也没有给足朋友面子。因此，她还是找到朋友，并希望通过朋友让厂领导给她重新安排工作，当然，最好还是能在科室工作。厂领导闻知后，对小张原有的良好印象一扫而光。试用期满后，小张最终没有被厂方录用。

分析：小张同学在就业观上还存在误区。现在，靠朋友关系寻找一个可靠单位、拴牢一个轻松岗位的年代已经一去不复返了。

刚刚涉世的青年学生，只有靠脚踏实地，埋头苦干，才能获得同事、领导的信任；只有靠少说话、多做事，才能获得生存、竞争和发展的时间和空间。

有的用人单位为了验证应届毕业生的求职诚意，往往将求职者安排在困难的环境中锻炼，这是必要的，是用长远的眼光培养人才的良苦之心。某电子工业学校毕业生小徐参加一个乡镇企业的招聘应试后，厂方安排他到设备和生产条件相对较差的车间里进行实习、试用。小徐看到车间里工人紧张繁忙的工作场景和艰苦的工作条件，一下子愣在那里。他没有思想准备，干活也无精打采、心不在焉。这一切都没有逃过员工们的眼睛。青年学生应注意的是，如果看中了某家单位，就不要在工作环境、工作条件上太过计较。

3. 踏实工作，乐做小事

走上实习、试用岗位之后，有些毕业生往往有大事做不来、小事又不愿做的毛病。其实，做大事的本领，往往是从做小事中锻炼出来的。只有善于做小事，才能成就大事业。

【例5—6】一位学焊工专业的学生就业于某国有大型企业，但在试用期间承担的却是测量仪器的搬运等工作。他从事这些专业不对口的“小事”却并不气馁，而是把这些工作看做是今后从事工作的一部分。通过半年的实习，他在磨炼意志的同时，也熟悉了测量工作的各个环节，为今后从事测量工作积累了宝贵的实践经验。

分析：实习、试用期间，第一次承担的工作，不管是“大”是“小”，都必须认真对待，踏实工作，尽全力做好。这是学识、能力和专业理论、专业技能乃至思想素质的一次综合“测试”，切不可不以为然，马虎做事。从某种程度上讲，乐做小事，善做小事，有时比能力更为重要。

二、热爱本职工作，爱岗敬业

毕业生离开校门，走向社会，特别是到了具体单位和具体岗位，心理状态有一个适应过程。刚到一个新的环境，要明确环境是客观的，不可能让客观存在服从主观意志，而应当主观适应新环境，以主人翁的意识和态度培养对工作单位的情感和责任感，唯有这样，才能热爱本职工作，积极进取，顺利度过适应期。在刚走上工作岗位的适应期，不应急功近利，否则，不仅事与愿违，而且会打乱正常的生活与工作部署，对今后的成长不利。只有立足现实，站稳脚跟，才能图谋发展。

某职业院校一位宝玉石专业的毕业生到一家宝玉石加工厂实习。有一天，他在上班打扫卫生时从墙脚边发现一颗蓝宝石，便捡起来上交给领导。三个月后，他将一份经过调查分析后写出的加强内部管理的建议送给厂长，受到厂领导的赞赏。实习结束时，厂长主动到学校招聘这名毕业生。他认为，企业的发展需要爱岗敬业的人才，这样的人才，留得住，有潜力。

1. 勤奋学习，虚心求教

职业院校毕业生在实习、试用期间，要勤奋学习，虚心求教，甘当“小学生”。一是要持之以恒，虚心好学。当今社会，科学技术日新月异，知识更新的周期越来越短，在社会这所没有围墙的大学校里，职业院校毕业生才刚刚入学。“终身学习”的观念必须在青年学生心中深深扎根。二是在工作中要甘当配角。三是要正确评估自己的能力。职业院校毕业生既有一定的理论知识，又有一定的动手能力，这是优势，但这绝不是可以自以为是的理由。“书到用时方恨少”，职业院校毕业生缺乏的东西还很多。当然，这并不是要看低自己，也不要因学历层次偏低而甘愿平庸，而是要脚踏实地，志存高远，奋发进取。

2. 建立良好的人际关系

据统计资料表明：良好的人际关系，可使工作成功率与个人幸福达成率达85%以上；一个人获得成功的因素中，85%决定于人际关系，而知识、技术、经验等因素仅占15%；某地被解雇的4 000人中，人际关系不好者占90%，不称职者占10%；大学毕业生中人际关系处理得好的人平均年薪比优等生高15%，比普通生高33%。这里暂且不论这个结论是否有些夸张，但有一点是不容置疑的，即人际关系在诸多成功因素中具有十分重要的意义。人际交往是人类得以生存、人类社会得以存在和发展的基础和保证。职业院校学生进入学习、试用期之后，立刻就会遇到如何处理与同事、与师傅、与朋友、与领导等方面的人际关系问题。

尽管所有人都懂得处理好人际关系的重要性，但大多数人却不知道怎样才能处理好人际关系，甚至相当多的人错误地认为拍马屁、讲奉承话、请客送礼，才能处理好人际关系。其实，处理人际关系的诀窍在于必须有开放的人格，能真正的领会诚恳、宽容、理解、体谅等做人的真谛，并遵循平等、互利、信用、尊重、相容等人际交往原则。

（1）平等原则。平等原则是指人们都有友爱和尊敬的需要，只要是正常人，都希望得到别人的平等对待。尊重对方的人格，这就是平等的前提。与人交往时，只有以平等的姿态出现，不盛气凌人，不高人一等，不唯唯诺诺，不低声下气，给别人以充分的尊敬和自信，才能形成人与人之间的心理相容，并产生愉悦、满足的心境，出现和谐、长久的人际关系。

（2）互利原则。互利原则是指人们在交往中考虑双方的共同价值和共同利益，满足共同的心理需要，使彼此都能从交往中得到实惠。现代的社会交往，互利性是其特点之一。从心理角度看，交往也应是互惠的。在人际交往中，必须考虑他人在精神上、心理上的需要，关心他人，爱护他人，从而使交往双方得到心理上的满足。当然，互利并不排除经济利益上的互利，如果只想从别人那里捞好处、占便宜，只考虑自己需要的利益，不考虑别人，是不能维系人际关系的。

（3）信用原则。信用原则是指在人际交往过程中，应言必信，行必果。在实际工作和生活过程中，讲信用的人受到人们的欢迎和赞赏，言而无信者则受到人们的斥责和唾骂。中华民族历来强调信用，儒家把“信”作为“仁、义、礼、智、信”的重要内容之一。孔子说过，民无信则不立，与朋友交，应言而有信，可见在人际交往中信用的重要。

（4）尊重原则。尊重原则是指每个人在社交活动过程中都希望得到他人的尊重，而且对尊重自己的人有一种天然的亲和力、认同感。现代社会，由于生产力水平的提高，在物质生活的需要基本满足之后，受尊重这个较高层次的需要越来越受到人们的重视。尊重他人，包括尊重他人的人格、能力、爱好、兴趣等一系列要素。尊重他人是沟通和建立人际网络的基石。

（5）相容原则。相容原则是指尊重他人的个性特征和处世风格。在社交活动中，不可能要求对方完全服从自己的观念和要求，完全和自己往一处想。如果一味要求对方服从自己、适应自己，就势必会引起对方的反感，产生对抗情绪，影响双方关系。在现实工作中，要在严于律己的前提下，宽容待人，不求全责备，多站在对方的角度上考虑问题。一旦出现误解和委屈，不妨“海阔天空退一步”，多说对方想说的话，原谅对方过激的言论。这样，交往就能顺利进行，于工作、于学习、于生活有百利而无一弊。在平时工作中，不论是领导，还是同事，处理问题时很难做到十全十美。作为下级或同事，应该主动在自己力所能及的范围内，多做“补台”的工作，不要冷眼旁观。这样，人与人之间才会有和谐、合作、团结、相互理解、相互支持的氛围。毕业生在这样的氛围中，一定会顺利度过实习、试用期。

三、展示知识技能，发挥特长

当今时代是一个知识、信息、技术迅猛发展的时代，科学技术在生产、生活各个方面的应用也越来越普遍，从事任何一项工作都需要有相应的知识和技能。对于即将毕业的学生来说，如果没有一定的知识技能准备，就会增加求职的困难；即使就了业，也难以胜任工作。

1. 做好充分的专业知识和技能准备

职业院校毕业生要具备胜任工作的能力，首先必须学好专业知识，掌握专业技能，使自己具有合理的专业知识结构。在现代社会中，特别强调打好专业基础。基础不扎实，势必对专业技术理论的学习产生阻碍作用。打好专业基础，还有利于提高日后职业的变通性。只有这样，才能拓宽择业面，增强择业竞争能力。

2. 积极而有分寸地表现自己

现在，有些单位在录用人才的过程中，为了考察能力，往往会让求职者当场进行计算机操作、外语会话、书法表演、操作某一仪器设备等。若是实际动手能力得到恰到好处的展示，就为择业竞争增添了成功的砝码。如果什么都不会，或因胆怯而不敢显示自己的才能，只能使对方产生不信任感，求职机遇就可能失之交臂。例如，一家大型合资企业的主管对正在实习、试用期的几名毕业生讲述设备操作程序，他不经意地用英语问了一个问题，其中一位毕业生同样用英语正确地进行了回答。就在这简单的一问一答之间，这位毕业生得到了用人单位的青睐。看来，机遇总是与一切有准备的人有缘。

第六章 步入社会

职业院校毕业生将携着知识和技能，走出校园，开始人生新的旅程。扑面而来的是纷繁绚丽的大千世界。通过对本章内容的学习，同学们将了解学生角色与职业角色有何异同；如何完成学生角色向职业角色的转化；在单位，如何营造和建立良好的人际氛围；明确在职业转化中应坚持哪些原则，做好哪些准备。

第一节　角色转变

职业院校学生从学校走向社会，社会角色将发生变化。角色转变成功与否直接影响着事业的成败。在这关键时刻，应按照社会对角色的期待和要求来培养自己的角色意识，充分做好角色必备的心理、技能等各项准备，以积极正确的态度把握角色转变规律，认识新角色，适应新角色。

一、学生角色与职业角色的区别

职业院校学生一旦走上工作岗位，就标志着学生生涯的结束，职业生涯的开始。从此，就要承担职业人员的角色，与相伴多年的学生角色告别。职业角色与学生角色有许多不同，主要表现在以下 4 点：

1. 社会责任不同

学生角色的主要社会责任是学好科学文化知识和专业技能，提升自身的综合素质。整个过程是一个接受教育、增长知识、提升能力的过程。职业角色的责任是以特定的身份去履行自己的职责，依靠自己的本领或技能为社会和他人服务。学生角色责任履行得如何，主要关系到本人知识掌握的多少和能力培养的程度。例如，一个学生学习成绩好坏，往往被说成用功与否。而职业角色责任履行得如何，则影响较大，往往要从其对社会负责的角度来加以评判。例如，外科医生在手术台上不负责任就可能出现医疗事故，单位就会从工作责任心的角度加以批评教育，并追究其经济责任或刑事责任，不可能像对待学生考试不及格一样。

此外，人们在评判职业角色时总是和单位联系在一起，工作情况不仅仅是个人的事，而是与所在集体有密切联系，甚至对所从事职业的整体从业人员形象有影响。可见，社会对职业人员的责任心有着更高的要求，因为他们的不负责将直接给社会造成损害。在现实生活中，许多刚刚开始工作的职业院校毕业生没有意识到自己所负的社会责任，觉得单位严格的管理制度难以适应，感到工作的要求过于苛刻等，这反映了他们没有认识到自己角色的转变。

2. 社会规范不同

职业角色与学生角色不仅在规范的内容上不同，而且在规范所产生的约束力上也不一样。社会对学生角色的规范内容主要反映在各级教育行政部门制定的《学生行为准则》和学校制定的各项管理制度上，告诉学生如何规范自己的日常行为，提高自己的综合素质等。如果学生违反了校规校纪，将会受到批评甚至纪律处分。因为学生是受教育者，在违反角色规范时，主要还是以教育帮助为主。例如，学生上课不专心听讲，可能会受到老师的批评；然而如果一名职业人员没能按时上班，则不仅要被批评教育，甚至还要受到经济处罚。从事工作后，变成了社会人，社会对职业角色的规范因职业的不同而不同，但肯定是更严格，违背了就要承担一定的责任，甚至法律责任。

3. 社会权利不同

学生角色的权利主要是依法接受教育和管理。职业角色则是依法行使职权，开展工作，并在履行义务的同时取得报酬。作为学生，接受学校安排的劳动任务是一种锻炼，不能获取劳动报酬；如果是一名职业人员，为单位从事职业活动时，就有获取报酬的权利。

4. 活动方式不同

学生角色处在一种接受外界给予的方式下增长才干，而职业人员角色则是运用自己的知识和能力，向外界提供自己的劳动。这种从接受到运用、从输入到输出的转换，是活动方式的一个重大改变。与接受和输入比较，运用和输出要高一个层次，接受和输入主要是要求理解并掌握，运用和输出则要求结合实际创造性地加以发挥。

二、学生角色向职业角色的转变

1. 确立角色意识

不同职业岗位赋予劳动者不同的职责，职业院校的学生由学校步入社会，角色发生了变化，其义务、职责、权利等也发生了变化，这要求职业院校学生在进入职业角色前就要确立角色意识。

（1）明确角色的职责与权利。毕业生进入社会，必须对新单位的特点和新角色的要求作出恰如其分的评析，并在此基础上初步明确自己将担任角色的任务、内容、职责、权利和义务，以明确自己的角色规范。

（2）做好担任角色的心理准备。由于学校生活相对封闭、单一，加之青年人喜欢幻想，又由于各种传播途径表达的社会理想模式在一定程度上抬高了学生对社会的期望值，往往造成一些毕业生对新环境估计不足，不能面对社会现实，不能妥善处理各种矛盾，也不能按角色规范要求自己。这时候心理素质不稳定的毕业生则容易出现心理失衡，影响个人发展。因此，正确认识社会，做好角色的心理准备是十分重要的。

（3）恰如其分地估计自己。对于将要担任的角色，除应做好认识上、心理上的充分准备外，还要恰如其分地估计自己对角色的实际担任能力。由于每个人的自身素质、生活阅历、适应能力等各不相同，担任角色的能力也有差异。因此，要对自己的业务专长、性格特点、身体状况、处世态度有较客观地认识。如果这种估计与实际有差异，则要进行必要的自我训练，以达到新角色的要求。

社会角色复杂多样，进入社会的毕业生要认真理解自己所担任的角色的特点，尤其是职业角色的特点。要把握住必须的行为、允许的行为和禁止的行为之间的界限，明确应该做什么和怎样去做，以免发生角色偏差。

（4）正确处理角色偏差。初涉职业生涯的毕业生，由于角色意识不强，或对角色理解错误，因而易产生角色偏差。角色偏差主要有以下几种类型：

1）角色冲突。当一个人改变原来角色，担任新角色时，新旧角色之间发生矛盾，这种矛盾称为角色冲突。角色冲突的时间因人、因事、因其复杂性及冲突的性质、程度的不同而不同。

2）角色错位。即行为处事超出自己的角色范围。角色错位易引起他人的反感，不利于良好人际关系的建立。

3）角色泛化。由于同时担任的几个角色的规范不一样，因此，在担任角色的过程中可能会出现干扰现象，即在担任一个角色时，受另外一些角色规范的干扰，从而影响当前角色的担任。

以上三种类型的偏差都会影响毕业生对职业环境的适应，必须引起高度重视。首先，学生在校期间应注意角色意识的自我表现和培养，学习和掌握角色知识及担任角色的技巧。其次，要积极争取角色的实践机会，根据将来可能要担任的角色，自觉地进行角色训练。最后，要发挥主观能动性。走上工作岗位后，要严格按照角色规范行事，使自己尽快地进入工作角色，从而缩短“角色距离”。

2. 明晰角色希望

每个人在社会中都担任一定的角色，而不同的社会成员对于角色的期望是不尽相同的。职业院校毕业生在走向社会之前，应该明晰外界对自己即将担任的职业角色的期望。

（1）了解工作岗位对职业角色的期望。任何一种职业都有一定的职业要求和规范。每个人对自己将要从事的职业都要有强烈的责任感和事业心，做到遵守岗位职责，讲究职业道德。

（2）了解领导对下属的期望。一个乐队，只有服从指挥，才能演奏成功；一条船，只有服从船长的权威领导，才能正常航行。作为一名员工，应该正确处理领导与被领导的关系，尽职尽力地完成领导交给的工作任务，要尽可能地了解领导者的特点、工作方式和习惯，认真领会领导的意图，努力把所学知识与个人特长体现在工作中，做好工作，让领导在工作中了解自己，以取得信任和支持。工作中可能会与领导发生分歧，若遇到这种情况，要恰当地发表个人的见解和建议，冷静理智地按岗位规范要求约束自己，圆满完成任务，以踏踏实实的工作赢得领导的信任和理解。

（3）明了同事对新人的期望。古人云“三人行，必有我师”。刚参加工作的毕业生应该谦虚谨慎，尊重同事。不论对年长者还是年轻者，上级还是下级，都要有以人为师的态度。要赢得同事的信任，得到同事的帮助和支持，应该从小事做起，从本岗位做起，不怕脏，不怕累，脏活、累活抢着干。眼高手低，自命清高，不做实事，在现实生活中是行不通的。

（4）准确实现角色对自己的期望。初入社会的毕业生要了解社会和周围人群的特点，了解角色规范，观察和了解他人对事物的评价，从而学会担任角色。例如，机关工作的人员喜欢安静的工作环境，而船员则性格豪爽。这是由于人员工作环境不同，文化也有差异。但是，一个人无论担任什么角色，都必须根据岗位的需要努力实现角色对自己的期望。

3. 实现角色转化

个人在社会中的位置是随着社会环境和职业岗位的变动而变化的。毕业生走上工作岗位，角色发生了变化，就必须按照社会对角色的要求来塑造自己。

（1）处理好独立性与依赖性的关系。刚走上社会的毕业生，成人感和自尊心很强，希望尽快成为独立的人，实现理想中的自我。但由于多年的学生生活，实践经验少，面临错综复杂的问题时，往往由于年龄、阅历、知识、能力等方面的局限而感到力不从心。有的由于经济和生活上长期依靠家庭，在自己碰到具体问题时摆脱不了依赖心理。这种独立意识与依赖心理所构成的矛盾易造成角色混淆。因此，在尚未进入社会前，就要根据职业需要，有意识地接触社会、了解社会，培养必要的心理素质，按角色要求来调整自己的行为，提高适应能力。进入社会后，更要培养独立工作、独立思考能力，勇于探索，勤于实践，虚心向有经验的老同志学习、请教，尽快了解自己的工作性质、范围、程序、特点及其相互关系，从而掌握有效的工作方法。

（2）处理好实际角色行为与理想角色行为的关系。每个人在社会和组织中都处在某个特殊位置，并按照这个位置所规定的职责办事，这就是人的社会角色。每个人都有一定的社会责任，要以恰当的角色行为待人处世，尽善尽美地完成角色所担负的任务，这是所谓的理想角色行为。理想角色行为是社会公认的完美的角色行为模式。但由于个人对角色行为的认识和理解及社会期望等都受多种因素制约，如个人能力、环境条件等，所以，其实际行为并不一定能符合理想角色的要求，这种行为为实际角色行为。实际角色行为与理想角色行为的差距越小，个人心里越稳定，也越易获得社会认同，否则就越易出现角色冲突。

因此，毕业生在进入社会之后，要认识和学习将要或已担任的角色，做好角色转换中的心理调整。个人对角色的社会位置和作用的认识和把握，需要有一个从学习到实践的过程。在实践中，对各种社会地位和角色的认识了解得越多，社会生活能力就越强，承担各种社会责任的可能性也就越大。

（3）处理好主观与客观实际的关系。青年学生往往对现实的估计和对自我的设计过于理想化，步入社会后很容易出现个人主观愿望与现实发生冲突的情况。社会对青年的发展要求有时与个人的主观愿望和自我设计也不完全一致，加上毕业生对现实生活存在的消极现象在心理上准备不足，进入社会后，遇到挫折，时常有大失所望之感。比如，一些毕业生对社会期望值过高，到单位报到后发现现实并不是这么回事，自己没有得到想要的待遇，人们并不特别关照自己，生活比较艰苦。面对这种期待与现实的反差，有的毕业生便悲观失望，灰心丧气，逃避现实或怨天尤人，结果不但于事无补，而且可能错过发展机会，造成遗憾。有的毕业生却能审时度势，调整自己，尽量适应新的工作和生活方式，找到能够发挥自己才能的位置，最终取得事业成功，实现自己的理想。

相关链接

青蛙觅食，两眼直勾勾地盯着飞来飞去的蚊虫，直到有“飞食”“自愿”地来到嘴边，它才“嗖”地伸出舌头，粘住飞虫吃下去，然后再周而复始地“等饭吃”。蜥蜴也吃蚊虫，但蜥蜴吃蚊虫的方式和青蛙则大大不同，它们四处游荡，搜猎觅食，一旦发现目标，就会狂奔狂追，直到将猎物追到口为止，然后再周而复始地“找饭吃”。

青蛙和蜥蜴都是蚊虫的天敌，但却代表了迥然不同的处世态度。青蛙是固定于池塘边吃虫子的不变角色；而蜥蜴则是“走南闯北”的“侠客”，它不仅吃虫子，而且还干点别的。青蛙随着池塘的存在而存在；而蜥蜴可以活在池塘边，到冬天池塘结冰了，没有虫子吃了，它又换成了另一种角色——藏到蛇洞里、鸟巢边，成了蛇卵鸟蛋的天敌。

新人找工作就像青蛙或蜥蜴觅食。如果不会根据形势变化而相应转换自己的角色，那么就如同愚蠢的青蛙；如果能在不断变化的客观形势下调整自己的生存方式，及时地转换自己的角色，那么就如同聪明的蜥蜴。

工作单位是人工作、学习、生活的重要场所，每个毕业生都盼望有一个理想的工作单位和满意的工作。但是，现实提供的条件和个人需求之间总是存在差距。单位的知名度、环境、效益、福利固然重要，但更重要的是看企业的生命力究竟如何，对自己的专业发展方向及个人发展是否有利，不能只从表面上去判断，有时候暂时条件差的单位也许更有利于发挥才能，更能激发竞争、奋斗意识，从而找到事业的突破口。

4. 处理好原有基础与客观需求的矛盾

学生在校期间，尽管经历过几年系统的理论学习和技能训练，但与实际工作还有很大距离，工作之后，对工作的业务和基本技能不完全熟悉是常见现象，因此，必须不断学习，完善知识结构，在实践中继续加强基本技能训练。

随着社会的发展，对人才素质的要求越来越高，职业院校毕业生除应具备一些带专业性特点的能力外，还需具备一些其他能力，如组织管理能力、决策能力、协调能力、语言文字能力、创造能力、交际能力等。

总之，胜任新角色，是一个由感性认识到理性认识的过程，要经过进入社会前的准备和进入社会后的观察、实践，才能适应社会。现实中的角色适应虽然复杂，但只要注意平时加强个人修养，严格要求自己，是完全可以胜任所担任的角色的。

第二节　适应社会

职业院校毕业生走出校门、踏上工作岗位后，将面对比学校更为广阔、更为复杂的社会环境。

一、人际关系的适应

简单地说，人际关系就是人与人之间的关系。人们在交往中可以获得情感上的满足、丰富自己的社会生活内容，也可以正确认识自我，开阔视野，增长知识，促进个性发展。可见，在现代社会中，人际关系非常重要。良好的人际关系既有利于保持愉悦的心情，又对事业的成功具有特殊的意义。在社会生活及工作中，人际关系具有互动性，如果具有良好的人际关系，则可取得领导的信任，更多地得到同事的指导和帮助，即便在工作中出现了失误，也易得到领导及同事的谅解和同情。这些都是取得成绩、获得成就的基础和必要条件。相反，人际关系紧张，则可能使自己难以立足，难以发展，更难实现抱负。有些人之所以到新单位后不顺心，没过多长时间就提出要调动工作，人际关系处理不当是重要原因之一。

如何才能营造和谐的人际氛围呢？以下介绍 3 个方面的内容。

1. 多做事，少议论

初入新环境，应把注意力集中于工作、生活的尽快适应上，应多做少说，特别注意不要对上级领导及周围的同事评头论足，不要随意加入某一人际关系派别，否则，无论是对工作的适应，还是人际关系的建立，都是不利的。而脚踏实地，埋头苦干，与每一个人都尽可能地和谐相处，则会给人留下良好的第一印象，有利于良好人际关系的建立和发展。

2. 处理好与领导的关系

首先，刚到新单位，要用恰当的方式表现自己的才能，注意给领导一个良好的第一印象，以取得领导的信任和支持。其次，要注意给领导提意见或建议的方式和方法。一般来说，刚走上工作岗位应少提意见，特别是不能以自己的“理想化模式”来看待领导，看待周围的是是非非。如果确有好的建议，一定要考虑成熟，并在适当的时间、以适当的方式向领导提出。要注意与领导交往的适度，不要有事没事找领导。如果过多地与领导交往，易引起他人的误解、反感，给人一种“溜须拍马”之感。

相关链接

很多人在看待事物的时候会或多或少、程度不等地带有自己的主观感觉。新人看自己的顶头上司也是如此，常由于自己的心理作用而把上司视做各种消极的角色，其实这样完全没必要。将心比心地说，如果上司也这样看人，恐怕他手下的新人早就“炒光光”了。如果新人有意把自己融入团队集体，那么不需多时就会发现，如果能有一个顶头上司为新人在团队的上上下下“穿针引线”，那该是多么美妙的事。所以，充分相信上司，给上司留下好印象，是很有必要的。

首先，把上司所有的优缺点都相加起来，然后与自己进行一下比较，自己只是有个别地方能超过他，其他方面都不如他。在这样的前提下，再换个角度设身处地想想，如果自己是上司，对方是员工，自己又会怎样做呢？上司对新人“发号施令”也好，“雷霆之威”也罢，那都是因为他所在的职位所致，丝毫不影响他对新人的观察和判断。新人完全不必谨小慎微，杞人忧天。新人应该端正自己的态度，用平凡心看待自己的上司，尝试和他做一些接触。在接触中，带着谦逊的态度，努力把自己比较突出的一面展示出来。

其次，要养成在上司面前多请教、少争辩的习惯。谁都知道，能当上官儿的，不论职位大小，都是有一定能力水平的。尤其是那些能被团队“一把手”提拔为部门主管的人，在技术、能力上都有其过人之处。此外，他们丰富的工作经验和为人处世方略也值得他人学习和借鉴。新人被团队分配到一个部门，绝不能回避和部门主管打交道，要多向主管虚心请教，并巧妙地流露些许对他的崇拜感；不要不懂装懂，或者刚刚有一点点儿成绩就急于贪功；要练就把荣耀归于主管的涵养。这样，主管对新人的印象分就会提升。

最后，多思虑，少冒进。试用期既是考验自己的机会，同时也是展示自我的舞台。能大胆展示自己这当然好，但凡事得有个度。比如在主管面前，要学会循序渐进，切不可过犹不及、锋芒太露。如果主管问："你的目标是什么？"应多点思虑、少点冒进地作答。从一般人的心态而言，主管最爱听的是："您要是能培养我，我一定能成为您手下最称职的员工。"倘若天花乱坠地大谈特谈职场理想，将来要当团队的重磅人才之类，那么，"勃勃野心"很可能就会被主管装进"小鞋"中。到试用期满时，都不知道自己是怎么被人"做"掉的。

3. 处理好与同事之间的关系

与领导处理好关系是必要的，但如果只注意与领导接触而忽视与同事之间的关系，就会失去人际关系的群众基础，给工作的开展带来不利影响。一般来说，在与同事相处时，要注意以诚相待，相互尊重信任，不可自视清高。要宽以待人，严于律己，出了问题要主动承担责任。当同事有困难时，要主动关心，并及时伸出援助之手。当与同事发生矛盾时，最好当面交谈解决，并吸取教训，防止类似矛盾重现。在讨论工作时，不要把个人意见强加于人。对组织作出的决定应坚决服从。

相关链接

在与团队里同事或领导说话前要注意称呼的使用。虽然这是很细微的事，但却能反映一个新人的素质。尽管看到团队里的老员工们在交流时都会很随便地称呼对方，或用昵称或干脆直呼其名，但这并不代表着新人也可以跟着老员工直呼对方。别以为老员工或领导没有对新人如何称呼他们提出什么要求，但事实上新人对他们的称呼如果使用不得当，却会影响他们对新人的看法。比如称呼“一把手”可以姓氏后加“总”字以示尊重。比如，要叫一声“某老师”或者“某前辈”甚至是“某先生”会让新人感觉很难张嘴，可对于老员工来说，被称呼为上述称呼要比新人叫他一声“老某”舒服得多。

总之，成功的人往往能与他人和睦相处，而和谐的人际关系又有赖于良好的心理适应。这种心理适应主要表现在有强烈的事业心、责任感和同情心；意志坚定，精力充沛；有较强的适应能力，能妥善处理人与人、人与环境的关系；热爱生活，愉快地与人合作，为创造美好的人生而努力工作。

二、社会环境的适应

人们长期生活在相对稳定的环境中，就会形成与之相适应的生活习惯、心理定式、行为模式。而一旦进入新的环境，原有的习惯定式便会产生“惯性作用”，从而影响对新的环境的适应。职业院校学生在校期间已经形成了具有校园特色的生活方式、学习模式和人际关系，这是在十多年的学习生活中逐步形成并稳定下来的。当结束校园生活，步入社会时，这种“惯性作用”必然会在新的环境中持续相当长的时间，影响对新的工作环境和生活环境的适应。

1. 工作环境的适应

工作环境是每个职业院校毕业生新的人生旅途中工作、学习、生活的重要场所，每个毕业生都期盼有个理想的工作单位和满意的工作岗位。但是，现实能提供的条件和个人需要之间总是存在着差距，因而，要根据客观条件来把握事物的本质，根据社会现实存在来决定自己的行为，尽快适应新的工作环境。

（1）热爱新的工作环境。到一个新的工作单位，尤其是基层单位，必须以愉快的心境从业供职，逐步培养自己对工作的兴趣，在职业目标逐步实现的过程中培养自己对职业的热爱之情，充分调动自己的潜在兴趣，辩证地分析和看待人生，以积极、热情的态度投入到新的工作环境中，在工作中寻找自己的最佳角色状态，寻找事业发展的突破口，寻找生活的乐趣。

(2) 适应新的工作环境。在现实生活中，要想成就事业，就必须学会适应新的环境，从跨入工作单位的第一天起，就应主动地把自己融入新的环境。要遵章守纪，服从安排，积极主动地工作。在工作中要不怕困难，勇于吃苦，不断地磨炼自己，牢固树立从小事做起、脚踏实地的思想，养成良好的工作习惯，严肃认真地做好本职工作，不可懒散、自负、轻浮，更不可推诿工作。要遵守劳动纪律，注意安全生产，不随意串岗，不迟到、早退。

(3) 要善于在新的环境中寻求生存和发展。在基本适应新的环境后，就应该在岗位上发挥自己的优势，勇于实践、敢于竞争，勤于创造、爱岗敬业。知识只有经过实践才能实现其价值，个人的价值也只有通过实践才能得以实现。既要扎扎实实地做好本职工作，也要善于在工作中发现问题，勇于开拓进取。要敢于摆脱旧观念的束缚，利用和发挥自己的专长，大胆改革，创造业绩，求得发展。

2. 生活环境的适应

职业院校的校园生活比较单纯，而走上工作岗位后，生活轨迹发生了较大的变化，生活内容也更加丰富多彩，人们不仅追求事业、追求知识，而且追求家庭的幸福美满，在生活节奏上也较学校时快。尤其是离开家乡到异地工作的青年，更应该在刚走上工作岗位时注意调整生活规律。

(1) 要及时调整工作和生活节奏。刚进入工作单位，会同时遇到许多新的工作、生活上的问题，有许多东西需要学习。其生活的强度、难度、紧张度都较大，这势必要耗费很多时间和精力，有时甚至可能会把自己搞得焦头烂额，筋疲力尽。这就要求毕业生能根据环境的变化，及时调整生活规律。如果调整得快而好，则有利于提高对环境的适应力，使自己尽快进入工作角色。

(2) 要学会科学地安排业余时间。随着对工作环境的熟悉，职业生活的适应，业余时间逐渐增多，科学地安排业余生活，有计划地加强学习，对于每一个刚刚走上工作岗位的毕业生来说颇为重要。这既有利于培养自己的兴趣爱好，打开人际关系的局面，调节生活规律，丰富生活内容，也有利于劳逸结合，消除工作疲劳，提高个人素质和工作效率。

总之，能适时地调整生活节奏，合理安排和充分利用业余时间的人，在工作能力和事业成就上就会领先一步。

三、职业岗位的适应

职业岗位的适应，是指刚刚就业或转换职业的人对新职业岗位逐渐适应和习惯的过程。这一过程是青年学生的社会化过渡时期，也是不可跨越的必经时期。一般来说，职业岗位适应期包括 4 个阶段：兴奋好奇期、矛盾冲突期、协调平衡期和稳定发展期。

1. 兴奋好奇期

职业院校学生在校学习期间职业便已基本定向，经过两年或三年的学习和教育，其专业思想都较为稳定。当完成学业，走向工作岗位时，心情都异常激动兴奋，对新的环境充满新鲜和好奇感，渴望全面了解职业岗位的性质特点、物质待遇、发展前途，希望能在职业岗位上大显身手，实现自己的远大抱负。当然，也有少数人因对所学专业不感兴趣，或对在校的不良表现感到羞愧，当他们面对新的职业环境时，存在着较为复杂的消极心理。

2. 矛盾冲突期

随着职业生活的全面展开，刚刚从业时的激动与兴奋渐趋平静，好奇心理逐渐消失，随之而来的是矛盾和冲突。这些矛盾和冲突主要表现在以下几个方面：

(1) 职业社会与学业社会的矛盾。在学校里，大家所接触的人和事相对简单、单纯，虽然也会产生矛盾和冲突，但远不如职业环境中的矛盾和冲突来得复杂、激烈。因此，当走上工作岗位，遇到矛盾和冲突时，往往有一种恐惧心理，常表现得缩手缩脚。特别是遇到许多在校期间从未遇到过的新问题、新矛盾时，更应自己独立解决。

（2）理想与现实的矛盾。青年学生都有理想，对未来的工作、生活踌躇满志，充满了美好的向往，但当他们走上工作岗位，处在复杂的职业环境中时，就会感到理想与现实反差太大，许多人一下子从理想的“高空”跌落到现实的“地面”，一些人因此而彷徨、苦闷、失望。

（3）学业成绩与职业能力的矛盾。许多人在校时学业成绩优秀，品行优良，常受到表彰，是同学们学习的榜样。他们在掌声和鲜花中完成了在职业院校的学习生活，但走向社会后，他们原有的优越感消失了，一旦受到批评和指责，一些人的自尊心便会受到伤害。

3. 协调平衡期

经过一系列或大或小的冲突，毕业生们开始立足现实，思考所遇到的问题，探索今后的人生之路。于是，一部分人放弃原来的幻想和过高的期望，重新确立比较可行的目标；一些人则开始调整、改变处事态度，协调人际环境；一些人在全面调适的同时，开始寻找事业发展的突破口。不可否认，也有些人经过矛盾冲突后，变得意志消沉，或逃避现实，或怨天尤人，出现一种消极的心理平衡。

4. 稳定发展期

在这个时期，人们逐步适应了自己所处的职业环境，基本完成了从学生角色向职业角色的转变，职业理想、职业兴趣也已形成并逐步稳定，对周围的人际环境开始认同，且能主动地把自己融合到这种环境中去，成为整体的一员。

四、适应社会的途径和方法

职业院校毕业生适应新的工作和生活环境的途径和方法主要有：

1. 建立和强化角色意识

建立和强化角色意识的实质就是要明确自己在职业岗位上所承担的工作角色，也即必须在自我认识的基础上，逐步弄清各个角色的性质、职责、权利，尤其是要弄清工作关系中上级领导对自己的职责要求和自己应承担的义务，并使自己的言行符合职业角色的规范。

就职业院校毕业生而言，建立和强化角色意识应在4个方面具有较强的适应能力：一是角色数量。不仅要意识到自己的角色发生了变化，而且要意识到角色的数量增加了，要能同时担任好各种角色。一个人能同时担任的角色越多，则表明其对职业的适应性也就越强。二是角色水平，即角色担任的适当程度。应做到进入角色的程度既不低于该角色的要求，又不超越角色规范。三是角色进入的时间。一般来说，进入工作角色所需的时间短，且质量高，说明角色担任得好。四是角色担任的灵活性，即能根据需要，灵活地从一个或一些角色转到另外一些角色上去。

2. 提高和完善职业智能结构

职业智能结构是指从事一定的职业所必须具有的知识结构和能力结构。职业教育是定向教育，学生经过2～3年的学习，其智能结构总的来讲是符合职业需要的，但由于种种原因，其智能结构还必须在工作中进一步完善和提高。

一方面，科技知识的高度发展，现代企业制度的建立和知识经济的到来，对每一个社会成员提出了更高的要求。因此，每个人，尤其是青年人，只有不断学习，使自己知识常新，能力常备，才能跟上时代的步伐，也才能真正提高自己的职业适应性。另一方面，职业岗位中所面对问题的综合性、多变性和现实性，也使得毕业生不可能仅凭在学校学到的知识和能力来解决。这就要求每个人不断学习，不断完善自己的智能结构，使之与职业岗位的需求保持一种动态的平衡。唯有如此，才能使自己具有较强的职业适应性。

3. 培养良好的心理品质

对于刚刚走上工作岗位的职业院校毕业生来说，培养良好的心理品质，最主要的是要建立以下几种意识：

（1）整体协作意识。在校期间，学生知识、技能的获得和能力的形成是在教师的指导下，通过个人的努力而实现的，具有较强的个体性特点。踏上工作岗位后，工作的集体性增强了，特别是在现代社会生产中，每一项工作的进行都既需要个人的主观努力，又需要团体中每一成员的团结协作，否则，只要工作中的某一环节出现问题，便有可能影响整体工作的进行。因此，走上工作岗位后，必须尽快树立起整体协作的意识，把自己融入到集体之中去，而不能片面强调个人才能的发挥和自我需要的满足。

（2）独立工作意识。学生在学校中所进行的一切学习活动，都是在教师的引导下进行的，这在一定程度上形成了学生的依赖心理。而在工作中，尽管有师傅的指导，但更多的是自己独立工作，遇到问题主要靠自己独立分析解决，而不像学生那样随时可以请教。所以，步入工作岗位后，必须逐步消除依赖心理，尽快培养自己独立思考、独立分析问题和解决问题的能力，养成独立工作的习惯。

（3）竞争意识。竞争是现代社会的重要特征，适者生存、优胜劣汰是其必然结果。人一旦走上工作岗位，就会感受到个人与个人、集体与集体之间的激烈竞争。如果没有竞争的心理准备，就会在竞争中晕头转向，甚至被无情地淘汰；相反，如果能以积极的心态参与竞争，就会在竞争中得到锻炼。

（4）创新意识。适应是一个相对动态性的概念，一个人要具有职业适应性，就不能满足现状，或只满足于自己在校所学的知识，而必须具有创新意识。只有具有创新意识，才会不断学习，才会有克服困难的勇气，才会敢于开辟别人没有涉足过的领域，才能提高自己的竞争能力，从而更好地适应职业环境。

除此之外，健康积极的个性意识、开放意识、奉献意识等的培养也是极为重要的。

4. 开辟宽广的人生之路

职业院校毕业生带着各自的理想和抱负走上了工作岗位，走进纷繁的社会。择业的艰辛过去了，摆在面前的是一道更为博大精深的人生课题：立业和创业。

大凡有理想、有抱负的毕业生都希望毕业后能很快适应新的环境，做出一番事业。可是，在现实生活中，并不是每个人都能如愿以偿。要在自己的职业岗位上站稳脚跟，建功立业，就必须从“基层干起”，从“小事”做起，开辟宽广的人生之路。

（1）“基层”起步。职业院校毕业生在自己的职业岗位上，不仅要明晰社会对自己的期望值，更要对自己有一个恰当的定位。工作伊始，必须树立从基层做起、从第一线做起的观念和意识，必须做好不怕吃苦、艰苦奋斗的准备，在基层中一步一个脚印地苦干、实干，切不可眼睛只盯着“办公室”。

（2）“小事”起始。初涉社会的毕业生大都是抱着远大志向走上工作岗位的，而单位的领导却往往不是一开始就委以重任，而是分配做一些琐碎的“小事”。为此，有些毕业生心里按捺不住，觉得大材小用，因而不安心干这些“小事”，抱着“干不好就走”的思想。其实，这往往就是对毕业生能力的试探和考验。因此，一定要克服轻视“小事”的思想，克服急躁心理，树立“单位无小事”的意识，甘当“铺路石”“螺丝钉”，踏踏实实，在做“小事”的过程中发挥自身的聪明才智，干好每一件“小事”。只有这样，才能赢得领导和同事的信任。

（3）独辟蹊径。毕业生在完成了自身的职业适应过程后，应该充分利用职业环境提供的客观条件，努力挖掘自身知识、技能和潜在能力等，冷静、全面地分析，敏锐、迅速地寻找和捕捉实现自己职业理想、发挥自我优势的职业切入口，独辟蹊径，敢于走前人未走之路，敢于做前人做而未做之事。鲁迅先生曾说过：“世上本没有路，走的人多了，也便成了路。”

相关链接

1. 社会欢迎什么样的毕业生？

根据用人单位对毕业生的要求和人才市场双向选择过程中反馈的信息，用人单位最欢迎的毕业生能工能干，愿意到生产第一线去从事操作和技术管理工作，工作踏实、不浮躁，不见异思迁。具体来说，具有以下特征的毕业生较受社会欢迎：

（1）具有较高的思想政治素质。如共产党员、三好学生、优秀学生干部、优秀共青团员和优秀毕业生。

（2）有强烈的事业心和责任感。不把个人利益作为第一择业标准的。

(3) 能脚踏实地，艰苦奋斗。安心在生产第一线，在艰苦的岗位上踏实工作，不见异思迁，不自命清高，愿与企业同舟共济。

(4) 有坚实的理论基础和较宽的知识面，有较大的潜力和较强的适应能力，做到一专多能。

(5) 有一定的法律基础知识和依法办事的意识。

(6) 有较强的组织、管理和协调能力，善于处理各种人际关系。

(7) 有较强的开拓进取精神。敢想敢干，动手能力较强，能提出革新方案，为企业创造一定的经济效益。

(8) 有良好的口头和文字表达能力。还要有一定的文学修养，会写规范的办公应用文，字迹秀美流畅。

(9) 性格开朗、谦虚随和、身体健康。

(10) 注意生活小节，有良好的个人形象。为人正直，胸怀坦荡，礼貌待人，举止文明，不嗜烟酒，不铺张浪费，有良好的生活习惯。

2. 社会不欢迎什么样的毕业生？

根据用人单位对毕业生的要求和人才市场双向选择过程中反馈的信息，用人单位最不欢迎的毕业生是：一到单位工作还不熟悉就盲目地要求提高待遇，不安心所分配的工作，这山望着那山高，心态浮躁，见异思迁。具体来说，社会不欢迎有下列特征的毕业生：

(1) 求职目标不明确。对自己为何选择单位和究竟选择何单位感到茫然，无目的，无主张，无判断能力。

(2) 不关心改革开放，不了解时势政策。

(3) 行为被动，缺乏独立思考能力和主动性、创造性。

(4) 性格孤傲，自命清高，不能与他人合作，喜欢独来独往。

(5) 只讲权利，不履行义务；只讲索取，不作贡献；只强调别人应为自己服务，而不想为别人服务。

(6) 缺少热情，贪图安逸；不思进取，只想有个安乐窝；不图事业有所发展与成就，不讲创业和敬业，只图高报酬。

(7) 学生时代受过两次以上处分。本来青年人因做错事而受到处分是可以谅解的，但倘若犯过一次错误，不接受教训，继续再犯，就会让人难以接受。

(8) 高分低能。以取得高分为学习目标，只知死记硬背，不善于运用所学知识分析和解决问题，知识贫乏，兴趣不广泛。

(9) 体弱多病。健康的身体是工作的基本条件，一个人即使有真才实学，才智过人，但体弱多病，不能坚持正常工作，也是很难受到社会欢迎的。

可见，广大职业院校毕业生只有用社会需求的标准来严格要求自己，塑造自己，才有可能使自己在激烈的人才竞争、择业竞争中站稳脚跟，立于不败之地。

3. 用人单位对毕业生有哪些要求？

(1) 有主见。那些在工作中有主见、勇于开拓创新的人，最容易被聘用。当然用人单位也会采取相应的策略，让毕业生了解企业的发展方针、规章制度，留给他们发挥创造力的空间。因此，有主见的人是具有创造潜能的人，会给单位带来意想不到的经济效益和社会效益。

(2) 有敬业精神。敬业表现为“干一行，爱一行，钻一行”。而那些这山望着那山高、常常“跳槽”的人，就很难讲敬业了。从一般情况看，爱“跳槽”的人，对企业、对自身的相对稳定和管理工作，总是带来这样或那样的麻烦，不被聘用，自然是合乎情理的。

(3) 有一技之长。就业的人有很多，但是有一技之长的人却占很小的比例。有一技之长的本身，就说明他们的个人素质，尤其是在职业素质上超过一般人，如果能够给他们创造一个恰当的环境，他们就可能成为企业的骨干，甚至是领导的得力助手。

第三节　职业礼仪

一、职业礼仪概述

职业礼仪是在人际交往中，以一定的、约定俗成的程序、方式表现出来的律己、敬人的过程，涉及穿着、交往、沟通等内容。从个人修养的角度来看，礼仪可以说是一个人内在修养和素质的外在表现；从交际的角度来看，礼仪可以说是人际交往中适用的一种交际方式或交际方法，是人际交往中约定俗成的示人以尊重、友好的习惯做法；从传播的角度来看，礼仪可以说是在人际交往中进行相互沟通的技巧。

相关链接

你知道怎样与人正确交换名片吗？

首先，应注意放名片的位置。一般名片都放在衬衫的左侧口袋或西装的内侧口袋，名片最好不要放在裤子口袋。其次，要养成检查名片夹内是否还有名片的习惯，以免在需要换名片的时候，找不到名片而备加尴尬。上司在场时不要先递交名片，要等上司递上名片后才能递上自己的名片。再次，应注意名片的递交方法和拿取方法。递交方法是将各个手指并拢，大拇指轻夹着名片的右下，使对方好接拿；拿取方法是拿取名片时要用双手去拿，拿到名片时可轻声念出对方的名字，以让对方确认无误；如果念错了，要说“对不起”。拿到名片后，可放置于自己名片夹的上端夹内。同时交换名片时，可以右手递交名片，左手接拿对方的名片。最后，收到名片后，不要无意识地玩弄对方名片，也不要当场在对方名片上写备忘的事情。一般不要伸手向别人讨要名片，必须如此时，应以请求的口气，说“您方便的话，请给我一张名片，以便日后联系”等类似的话。

二、不同的工作要有不同的职业装束

礼仪的一个重要特点就是礼仪的对象化。也就是说，在不同的场合中，面对不同的对象，礼仪的要求都不同，但大都有一个共同的规律。比如，三百六十行，各行有各行的特色，也有符合自己职业需求的礼仪规范。在从事的职业活动中，要严格按照职业需求和角色要求规范自己的行为。能否遵守职业礼仪规范，扮演好自己的角色，对于所从事职业的成功有很大影响。不同的工作要有不同的职业装束就是这一点的体现。

初入职场的着装，最关键的就是做到适合，既适合自己的身材和工作性质，又和公司的整体着装风格相符。因此，要做一个有心人，经常留意身边大多数同事的着装，把握住公司的整体着装风格，从而帮助自己以最快的速度融入所在的团队。

三、培养职业礼仪

职业礼仪的培养应该是内外兼修的。古语说得好：腹有诗书气自华。内在修养的培养是提高职业礼仪的最根本的源泉。工作时注意自己的仪态，不仅是自我尊重和尊重他人的表现，也能反映出个人的工作态度和精神风貌。下面介绍一些基本的职业礼仪。

1. 行为礼仪

（1）微笑。人与人相识，第一印象往往是在前几秒钟形成的，而要改变它，却需付出很长时间的努力。良好的第一印象来源于人的仪表谈吐，但更重要的是取决于表情。微笑则是表情中最能赋予人好感，愉悦心情的表现方式，也是人与人之间最好的一种沟通方式。

（2）站姿。正确的站姿是抬头、目视前方、挺胸直腰、肩平、双臂自然下垂、收腹、双腿并拢直立、脚尖分呈 V 字形，身体重心放到两脚中间；也可两脚分开，比肩略窄，双手交叉，放在体前或体后。站立开会时，男生应两脚分开，比肩略窄，双手合起放在背后；女生应双脚并拢，脚尖分呈 V 字形，双手合起放于腹前。

（3）坐姿

1）男士。入座时要轻，至少要坐满椅子的 2/3，后背轻靠椅背，双膝自然并拢（男士可略分开）。身体可稍向前倾，表示尊重和谦虚。

2）女士。入座前应用手背扶裙，坐下后将裙角收拢，两腿并拢，双脚同时向左或向右放，两手叠放于腿上。如长时间端坐可将两腿交叉叠放，但要注意上面的腿向回收，脚尖向下。

（4）蹲姿。并膝下腰。一脚在前，一脚在后，两腿向下蹲，前脚全着地，小腿基本垂直于地面，后脚脚跟提起，脚掌着地，臀部向下。

2. 仪表礼仪

保持良好的仪表，可以使一天的心情轻松、愉快，也可使人对自己充满信心。如果每天早起 5 分钟对自己的仪表进行检查，既能使一天的工作增加自信，也可使其他人感到舒畅。仪表的要求如下：

（1）男士

1）短发，清洁、整齐，不要太新潮。

2）精神饱满，面带微笑。

3）每天刮胡须，饭后洁牙。

4）穿白色或单色衬衫，领口、袖口无污迹。

5）领带紧贴领口，系得美观大方。

6）西装平整、清洁。

7）西装口袋不放物品。

8）西裤平整，有裤线。

9）指甲不宜过长，保持清洁。

10）皮鞋光亮，深色袜子。

11）全身 3 种颜色以内。

(2) 女士

1) 发型文雅、庄重，梳理整齐，长发要用发夹夹好，不能染鲜艳的颜色。

2) 化淡妆，面带微笑。

3) 着正规套装，大方、得体。

4) 指甲不宜过长，并保持清洁。涂指甲油时可涂透明或自然色。

5) 裙子长度适宜。

6) 肉色丝袜，无破洞。

7) 鞋子光亮、清洁。

8) 全身3种颜色以内。

3. 养成良好的卫生习惯

(1) 头发。整洁、无头屑，头发软者可用摩丝定型。在办公室里，留长发的女士不披头散发。

(2) 眼睛。清洁、无分泌物，避免眼睛布满血丝。

(3) 鼻子。勿当众抠鼻子。

(4) 嘴巴、牙齿。清洁、无食品残留物。

(5) 指甲。清洁，定期修剪。

(6) 男士的胡子。每日一理，刮干净。

(7) 配件及饰物。检查有否污损或碰歪了。

第四节　职业转换

在实际工作中，由于市场竞争的激烈和个人价值观、个人目标等多种因素的影响，职业活动中往往会出现主动和被动的职业转换，因此，职业院校毕业生要把握职业转换的原则，做好职业转换的心理准备和能力准备。

一、职业转换的相关困惑

相关困惑如下：

- 不喜欢自己的专业，想换个专业。
- 不喜欢现在的工作环境，想换个公司。
- 觉得自己的专长应该获得更好的职业发展空间。
- 待遇很长时间都没有提高了，换个待遇更好的环境。
- 经过了一系列的培训也有很好的工作经验，想自己去创业。
- 想到外企去感受一下。
- 家离公司太远了，换一个离家近的单位。
- 公司效益不好，待遇下降，觉得需要换一个单位。
- 公司的文化很强势，非常难适应这样的工作氛围。
- 现在的领导对自己有偏见，很难开展工作，觉得很没意思。

以上理由和原因都可以促成职业转换，但是每一次职业转换都意味着会有选择的风险：选择的新公司、新职业并不是自己想象的那样，有可能很长时间都不能找到合适的工作，甚至待遇更低。

职业生涯发展过程中必然会进行职业转换，然而在这个过程中，少部分人是主动转换，而更多的人是被动转换。

二、职业转换的原则

双向选择、自主择业的就业原则，给刚刚步入社会的青年学生转岗提供了极大的自由度。但在职业转换过程中，能否掌握正确原则，不仅关系到个人能否找到合适的职业岗位，而且影响到个人的成长、成才和职业理想的实现。职业转换是一项关系到社会、经济、文化以及家庭等诸多因素的复杂的系统工程，不是单凭主观愿望就能解决好的。因此，在选择职业转换时不仅要看到大的社会环境，还应坚持必要的职业转换原则。

1. 比较利益原则

在进行职业转换时，一般人首先把转换后自己的利益与转换前进行比较。根据大卫·李嘉图的比较利益理论“两利取重，两害取轻”的原则，适当考虑自己的利益也在情理之中。考虑的利益不仅仅是经济利益，同时还要考虑自己的适应性和能否更好地发挥自己的特长。因此，在转换职业时，首先应对自己的能力有一个客观的评价，包括学识水平、职业技能、身体素质以及个性特点等，看是否符合职业岗位要求，不能盲目攀比。尤其是当代青年人，思想比较解放，理想和追求比较高，但必须要面对现实。其次在选择职业时，应充分考虑自己的特长，扬长避短，最大限度地发挥自己的特长。

2. 价值实现原则

在选择职业时，不能期望值过高，也不能急于求成。要把个性发展与职业发展结合起来，把个人发展与团体发展结合起来，综合考虑各种因素，才能实现自己美好的愿望。当今社会，职业不只是生存的手段，而且是一条走向成功的发展之路。因此，在选择职业时还应该考虑职业的适合性、对口性，考虑领导是否重视人才，考虑单位的实力和所提供的机会、前途等条件，这些都是促进或阻碍人们职业发展的因素，应该“择其善者而从之”。

3. 主动性原则

主动性原则，是指刚刚步入社会的青年学生在职业转换中不能消极等待，而应主动出击，积极参与。这里所说的主动选择，主要包含以下两个方面的意思：

（1）主动参与职业岗位竞争。如今，竞争机制冲击着各行各业，也冲击着人才就业市场。反映在毕业生就业过程中，竞争的展开使得原来的“皇帝女儿不愁嫁”变为“自己找婆家”，原来的学好学坏一个样变为“优胜劣汰”。竞争使人们增加了紧迫感和危机感，也增加了责任感。

（2）主动了解用人单位对人才的要求和需求信息。随着社会主义市场经济体制的建立和发展，各项改革的进一步深化，社会对职业院校学生的要求也随之发生变化。从最近几年的毕业生就业情况看，下面几种类型的毕业生最受用人单位的欢迎：一是思想政治素质较高的毕业生。近几年来，优秀毕业生和毕业生中的党员、学生干部普遍成为用人单位的“抢手货”，尤其是各级党政机关和企事业单位的管理部门，在选拔录用毕业生时，往往把思想政治素质放在第一位。二是有事业心与责任感的毕业生。一位企业负责人说过：“我们需要的毕业生不仅要具有一定的专业知识，更重要的是要有与企业同甘苦、共患难、荣辱与共的企业精神。”具有强烈的事业心与责任感，一心一意干事业，是许多单位对毕业生提出的要求。三是有吃苦精神的毕业生。一个企业的发展需要全体员工同心协力，踏踏实实地共渡市场竞争的难关。四是基础扎实、知识面宽的毕业生。许多科研机构、大型企业和涉外单位，除了需要专业对口的毕业生外，对基础扎实、知识面宽的毕业生尤其看重。五是懂专业、会管理、善交际的毕业生。从最近几年的毕业生就业情况看，许多用人单位最欢迎既懂专业、又懂管理、还善于交际的多面手。因为这样的毕业生适应能力强，工作上手快，发挥作用明显。由此可见，主动了解用人单位对人才的要求和需求信息，对有的放矢地选择职业岗位非常重要。

4. 前瞻性原则

在职业转换时，不能只看眼前实惠，不看单位的发展前景；不能只看暂时困难，不看单位的未来；不能只图生活安逸，不顾事业的追求。青年是社会主义现代化建设的生力军和突击队，是祖国的未来，肩负着光荣的历史使命，因此，要站得高，看得远，拓宽视野，理清思路，找到自己的最佳位置，牢牢把握职业选择的主动权。

5. 规范性原则

个人在进行职业转换时考虑的因素较多，往往很多人只考虑自己的实际情况，不愿主动站在社会、集体的角度考虑，容易出现违反劳动合同、单位规章制度、道德公约等现象。因此，在准备进行职业转换时，首先要考虑有没有违反国家的法律和法规，其次要考虑有没有违反单位的规章制度，最后要考虑岗位变动给单位及工作对象造成的影响。总之，不能只考虑个人因素，说走就走，甚至是不辞而别，而要按照要求和规范进行职业转换。

三、职业转换的准备

随着经济的发展和生产力水平的提高，用人单位对人才的要求越来越高，要想成功地进行职业转换，就要做好充分的心理准备和能力准备。

1. 职业转换的心理准备

（1）转岗不适的心理准备。随着我国产业结构的调整，下岗、转岗已经成为比较普遍的现象。毕业生首先要对市场经济条件下人才竞争的激烈性和残酷性有足够的了解和认识，其次也要对市场经济条件下给人才流动创造的自由选择的机会充满信心。

（2）艰苦创业的心理准备。许多人转岗是为了实现自己的人生价值和理想，当作出这种选择时，就要有艰苦创业、不怕失败的心理准备。很多成功者曾经历过创业的艰辛，他们的成功往往与不屈的意志紧密相关。对于刚步入社会的学生来说，一无经验，二无资金，要想转换一个自己理想的岗位，只有从小事做起、从具体事做起、从基层做起，才能最终取得辉煌的成就和业绩。

（3）确立职业社会化意识。个体职业社会化，即个体进行与职业有关的社会化，包括学习与职业有关的知识，形成一定的事业意识，有效选择与适应职业角色，以及对失业、离岗后的再适应，直至将来退休的整个过程。确立职业社会化意识，有助于青年学生正确认识和确立适合自己的职业意识、职业态度、职业需要和职业动机，进而有目的地发展自己的职业能力和个性。

2. 职业转换的能力准备

要成功实现职业转换，除了有必要的心理准备外，还必须有足够的能力准备。对职业院校毕业生而言，职业转换的能力准备，主要是指知识、能力及更高学历的准备。

（1）树立终身学习的观念。不论年龄大小，不论资历深浅，不论学历高低，都要终身学习，知识的无限丰富和不断更新决定了学习是永无止境的过程。一个人的知识量毕竟是有限的，不可能毕其功于一役而终身受益，需要不断地“充电蓄能”，不断接受新知识，不断开拓创新。传统的一次性学校教育已无法适应现实的挑战，那种结束学校教育、找到工作就一劳永逸的情况已成为历史。每个人要想适应未来工作的需要，就必须终身学习。

1）终身学习是适应社会急剧变化的客观需要。社会总是在不断发展变化，但从没有像今天这样变化得这样快。在这种急剧变化的社会里，人们自少年时所形成的思想观念、习惯、思维方式等往往跟不上时代的变化。现实要求人们不断地做出新的认识和判断，尽快获得认识和解释时代的能力，坚持学习，与时俱进。

2）终身学习是面对知识爆炸性增长的必然选择。伴随着以数字化、网络化为特征的现代信息技术的突飞猛进，新知识呈现出爆发性增长。不断革新的计算机与光纤网络通信、卫星远程通信相结合，将知识的编码、储存、传输、扩散速度极大地提高，方式极大地简化，成本极大地降低。知识量猛增，而知识的更新周期越来越短。据估计，人类的全部知识每五年就要翻一番。这就要求每个人都必须把学习贯穿于自己的一生，“活到老，学到老”。

3）终身学习是经济发展对劳动者的迫切要求。在社会主义市场经济体制逐步完善的今天，新技术、新产品层出不穷，评价劳动者就业能力的标准也在不断提高。一方面失业在增加，另一方面又有许多工作岗位找不到合适的就业者。避免陷入结构性失业的唯一出路就是不断学习，不断提高，让就业的过程成为一个不断学习、提高的过程。

4）生活水平的提高和闲暇时间的增多也为学习创造了条件。人们有可能拿出较多的时间、精力和金钱来充实自己、提高自己。学习也逐渐会成为人们高质量生活的重要内容。

（2）继续学习与学历提高。古人尚知道“活到老，学到老”的哲理，在科技进步对职业演变的影响越来越大的今天，终身学习更是立身之本。只有不断补充、更新自己的知识和技能，才能在竞争激烈的社会中立足，才能使自己有一个成功的职业生涯。现代社会是一个终身学习的社会，要树立学无止境的观念，只有肯学习、会学习的人，才能在职业转换中取得成功。职业院校毕业生可以通过参加成人高考、自学考试、直接考研等方式提高学历，要主动根据自己的客观条件选择学习方式，为职业转换的实现创造条件。